知行合一

初中跨学科教学的思考与探索

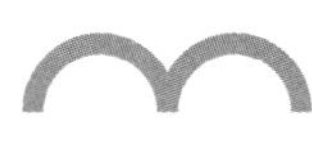

姚伟国

序

面对大千世界，探究真实问题

姚伟国老师撰写的《知行合一：初中跨学科教学的思考与探索》一书，聚焦当前基础教育课程改革中一个引人注目的课题。该课题旨在引导学生关注生活、关心社会，通过灵活运用不同学科的知识与技能，解决他们在日常生活中遇到的具有探究价值的真实问题。在教育界，学者们将这种学习形态称为跨学科案例教学，也称为跨学科融合教学活动。

长期以来，我国中小学普遍采用分科教学模式，即将学习内容分为道德与法治、语文、数学、外语、物理、化学、生命科学、历史、地理、音乐、美术、体育等学科。自 2001 年新一轮基础教育课程改革实施以来，我国对中小学的课程设置进行了一系列调整。

分科课程和综合课程孰优孰劣，其实很难评判。从世界范围看，以班级授课制为核心的现代学校教育制度形成于 17 世纪的欧洲。捷克教育家夸美纽斯主张建立全国统一的学校教育制度，不仅系统论述了班级授课制，还系统规划了不同年级所需学习的课程。在欧洲文艺复兴浪潮的推动下，科学、文学、哲学、宗教、艺术等领域获得迅速发展，近代学校课程体系也在这一时期初步成型。清末民初，我国普遍开设新式学堂，其课程设置也多以分科的形式呈现。由此可见，分科课程是中小学课程体系的主流。

自 21 世纪以来，信息技术、生命科学等领域的科技迅猛发展，促使世界发生了巨大的变化。但与此同时，人类因过度利用资源和破坏环境，正面临着来自自然界的严峻挑战。当今世界面临的各种危机复杂多变，难以预测。在此情形下，广大教师确实需要深入思考：即使今天的学生牢记课本知识并在考试中获得高分，这样的教育模式能否助力他们应对未来不断变化的世界呢？其实，从 20 世纪起，欧美教育专家就大力倡导加强跨学科教育，特别是在 STEM（科学、技术、工程、数学）领域掀起了一阵教育改革的浪潮。他们通过跨领域、跨学科的学习与探究活动，让学生针对真实问题进行科学家和工程师般的探究与实践，从而逐步形成解决复杂问题的思维模式，具备创造性解决问题的能力。不过，STEM 教育活动比较适合在课外开展，需要花费较多时间，也需要一定的设备和工具。因此，面向所有学生开展 STEM 教育活动，还是有一定困难的。

在学校课堂教学中，将不同学科的学习内容融会贯通，同样具有重要意义与价值。由于地理与生命科学两个学科之间密切相关，它们已成为推进跨学科案例教学的突破口。原上海市教育委员会教学研究室专门发布相关文件，用以指导跨学科案例教学的开展实施。同时，上海市教育考试院也对地理与生命科学跨学科试题的能力考查要求作出详细说明。这个初中课程改革的突破口，已经成功引起了上海初中教师的广泛关注。

姚伟国老师是上海市第四期“双名工程”攻关计划主持人、上海市地理特级教师。同时，他担任副校长的上海市民立中学是一所办学历史悠久的完全中学。由此可见，姚老师既熟悉高中教学，又了解初中教学，并且长期专注于“生活地理”和“情境教学”的探索。他的教学视野极为开阔，不拘泥于课本知识，常常从学校延伸至周边社区、道路等，甚至突破历史的界限。比如，他巧妙地将学校所处街道的历史变迁和文化元素等融入地理课堂，促使学生对城市区位变化、商业布局、交通流量监测等城市地理学典型现象产生深刻的体会与认知。

此外，姚伟国老师具有高度的专业敏感性。当大家尚未充分理解跨学科案例教学的重要意义时，他已经将这项新课题确定为自己团队的又一攻关任务。

在姚老师的引导下，其团队成员积极投入实践，通过课堂教学进行了一系列富有成效的尝试，并在本书中留下了他们的探索历程和深入思考。

对于如何在初中阶段开展跨学科教学这一问题，我与姚老师也曾进行过多次深入的讨论与交流。其实，除了地理与生命科学的“结盟”外，初中阶段的不同学科之间还存在诸多组合的可能性。这主要是因为地理学科兼具自然科学和社会科学双重属性。从自然地理的范畴看，自然环境是任何生命生存的必要条件，而生命科学又与自然环境密切相关，进而构建起大大小小的生态系统。我国地域广阔，自然地理条件丰富多样，有利于多种动植物的生存和繁衍，也有利于形成丰富多样的生态系统。关于地理与生命科学两个学科领域的关联，本书中已有所论及。其实，地理学科中的诸多内容还与其他学科有着千丝万缕的联系。比如，地球运动、大气环流、洋流系统等与物理学科有关，岩石、土壤、海水的物质组成与化学学科有关，地球的圈层结构和宇宙环境与天文学、地质学有关。从人文地理的范畴看，人口分布与迁移、城乡景观与地域文化、产业结构、交通运输布局、环境问题等，不仅可以与其他学科建立联系，还可以与当前国家经济发展、全球地缘政治等建立联系。此外，有的地理教师还将描述地理景观的古诗词融入地理课堂，从而增添了地理课堂的魅力。

所有地理教师的努力都是要把地理教“活”，摒弃死记硬背或“刷题”的教学模式。我们致力于将地理学科与学生的生活和现实的世界相关联，引导学生在关注社会的过程中，通过运用多种学科知识，融会贯通地认识这个丰富多彩而又复杂多变的世界，积极应对世界面临的种种问题，从而拥抱更加美好的未来。

华东师范大学地理科学学院教授、上海市地理特级教师　陈胜庆

2025 年 3 月

前言

2017年，我有幸成为上海市第四期“双名工程”攻关计划主持人，负责“地理情境教学”攻关项目。2020年，当原上海市师资培训中心组织开展“双名工程”成果申报工作时，我们团队已经形成相对成熟的初中地生跨学科案例分析精讲文本。凭借这一成果，我们成功完成申报工作。

经过一段时间的深入思考，我深刻意识到，仅仅以“初中地生跨学科案例分析精讲”为主题进行内容编写，难以全面展现我们团队对初中地生跨学科案例编写与教学实践艰辛探索的成果。基于此，我萌生了撰写一本能有机融合我们探索实践和思考过程的图书的想法，力求呈现我们在探索初中地生跨学科行知之路上的图景。于是，有了本书的雏形。

写书的过程，也是回忆的过程。回首这几年的研究历程，我发现其间有许多精彩的故事可以分享给大家。

2019年初，我与陆弘德、李冬昕、曹嵘等同仁共同商议后，确定了两个课题方向，主攻方向为“地理情境教学”，兼顾“初中跨学科研究”。“地理情境教学”是地理新课标中反复强调、高频出现的话题，如情境素材选用、情境问题创设、情境融入教学、情境与命题、情境与教学评价等。“初中跨学科研究”则是应对上海中考新政的重要举措。2018年3月，上海市教育委员会发布了《上海市进一步推进高中阶段学校考试招生制度改革实施意见》，明确提出“自2017年入学的六年级学生起，全面实施初中学业水平考试制度”。其中，地理、生命科学等学科的跨学科案例分析被纳入综合测试范畴，因此这些学科成为中考计分科目。此外，上海市教育委员会发布了《上海市初中学生综合素质评价实施办法》和《上海市初中学业水平考试实施办法》两份具体的配套文件。这两份文件是对中考改革方案的进一步细化与落实，其中一项重要改革措施就是在初中升学考试中增设了

"跨学科案例分析题"。该题型满分 15 分,总体目标在于培养学生的问题解决能力。

由此,社会各界也都议论纷纷:15 分的跨学科案例分析题到底怎么考?考什么内容?由谁来教相关考试内容?是否需要开设跨学科案例分析课?这种课要以什么形式呈现?……此外,那些与中考新政有关联的家长也提出担忧:"我家孩子的学校是否有相应的应对方案?"总之,"跨学科案例"已经成为初中教育的热门话题之一。其间,上海市教育考试院发布了《上海市初中地理、生命科学跨学科案例分析终结性评价指南》,不仅对评价的性质、目的和对象以及评价标准等进行了阐述,还对跨学科案例分析的内容要求、题型结构、分值作了说明,并附上了题型示例"翻越唐古拉山——铁路进青藏高原"。然而,随着相关文件的出台,新的问题又接踵而至。由于考查的内容、水平要与上海市初中地理、生命科学两科的课程标准保持一致,而这两科的内容又极其丰富,初三年级的师生面临如何进行取舍、整合、融合的难题。如何落实和推进相关文件精神,成为初中教师尤其是地理、生命科学两科教师亟待解决的现实问题。

我们团队主要由上海市第四期"双名工程""地理情境教学"攻关项目组、上海市静安区地理学科实训基地、上海师范大学生命科学学院李慧副教授带领的团队组成。这三支队伍涵盖了不同学段的教师,实现了普高之间的协同合作,为开展全学段地理教学探索提供了基础保障和实践可能,同时也意味着团队开展的地理教研活动是多层次、多样化的。

中考新政出台后,我们联合诸多友好同仁,组织地理和生命科学两科教师对题型示例"翻越唐古拉山——铁路进青藏高原"进行深入剖析,进而开始研究跨学科案例以及与之相关的案例编写工作。我们确定以情境为线索,历经素材收集与处理、栏目设计、地图绘制、问题编制等环节,最终于 2020 年夏完成了《初中跨学科案例分析精讲》一书的编写。这是针对上海中考新政中的"跨学科案例"的书籍,它为即将步入考试季的教师、学生、家长提供了案例样式。当然,当时我们对跨学科案例的认识还有一定的局限性。虽然有了"跨学科案例"这个资源库，但如何有效落实和推进相关教学工作、非毕业班教师如何未雨绸缪地进行准备等一系列问题又摆在我们团队面前。为此，我们团队于 2020 年 11 月在上海市静安区教育学院附属学校举办了一场关于“跨学科让教育多了一种可能”的论坛。比如，盛丽芬老师执教的“丹顶鹤去哪里越冬”一课，具有问题情境化、情境任务化、师生和生生的互动性强、与信息技术相融合等特点，给听课教师带来了极好的初三毕业班跨学科教学体验。此外，参与论坛的青年地理教师也纷纷基于自身参与案例教学的体验进行经验分享，旨在引发与会者的共鸣，带来诸多启迪。我面对线下和线上的同仁们，以“深海空间的情境案例”为导入，深入阐述了跨学科案例教学面临的“危机”和蕴含的“机遇”。谈到“案例”时，我说了这样一句话：“既不能拿今天的案例来衡量未来的案例，也不能以未来的案例来看待起始的案例。”

跨学科案例是否有必要专门开设课程，并在课堂教学中予以落实，这一问题仍有待深入探索和研究。跨学科案例的出现，事实上已经对初中生的学科素养培育、初中地理和生命科学教师的专业素养提升及其教学研修产生了影响。初中地理和生命科学的跨学科实践，是新一轮基础教育课程改革强调跨学科教学的重要信号。未来，跨学科教学将覆盖更多的学科课程领域。

我们秉持着行是知之始、在行知中开展教育教学的理念，结合自身在跨学科教学领域的研究和实践历程，精心撰写了这本书，旨在为跨学科教学领域再添一“砖”。我们通过记录探索踪迹，回应现实问题，启迪未来。

本书分为九章，围绕“如何认识跨学科教学？”等 28 个问题展开了深入探讨。本书的主要特色是以问题探究的方式聚焦“跨学科教学”这一主题，借助大量的案例，对跨学科教学及其实践进行了详细阐述，同时呈现了团队对跨学科教学的思考和实践。上海跨学科教学始于初中地理和生命科学学科，未来将会向全学段、全学科延伸。

本书的分工如下：我负责撰写问题 1—5、问题 7—9、问题 13、问题 15—22、问题 24、问题 26—28，李冬昕负责撰写问题 10、问题 14、问题 25，李慧负责撰写问题6、问题11、问题12，曹嵘负责撰写问题23，周钰萍、薛彧楠、徐梦琪、邹纪娓、顾倩雯、张小蝶负责资料搜集与整理。

上海市第四期“双名工程”“地理情境教学”攻关项目组成员宋赛萍、钱凤英、仇苗苗、范含信、金彦、向莉，以及上海市静安区地理学科实训基地成员凌敏、高立洋、盛丽芬、汤俊彪、许庄、雍悦东、蒋小红，共同进行了大量的实践探索。

上海市教师教育学院（上海市教育委员会教学研究室）和上海教育出版社十分重视“双名工程”成果的出版工作，多次举办研讨会，针对不同选题进行专业指导。在探索跨学科教学的过程中，我们还得到华东师范大学陈胜庆教授、原上海市教育委员会教学研究室副主任赵才欣老师、上海市地理特级教师李功爱老师、教育专家陈昌文老师和裘腋成老师、上海市静安区教育学院原地理教研员陆弘德老师、上海市生物特级教师宋洁莲老师、上海市静安区教育学院初中生命科学教研员唐文俊老师等的关心和支持，以及为我们提供跨学科案例的全体教师和上海市闵行区教育学院等的帮助，在此向他们致以诚挚的谢意。

上海市民立中学副校长　姚伟国

2025 年 1 月

目录

第一章

认识跨学科教学

问题 1　如何认识跨学科教学?

1. 跨学科教学的定义

虽然“跨学科”一词较早便进入教育工作者的视野并成为探索方向之一，但这一概念的提出时间则相对较晚。19 世纪 20 年代，美国心理学家伍德沃思(Robert S. Woodworth)率先提出“跨学科”这一概念。当时，他和同仁倡导教师应该开展跨学科课程内容的相关研究。其依据之一是美国课程和评价理论专家泰勒(Ralph W. Tyler)于 20 世纪 30 年代开始开展的八年研究。这项研究表明，在进步主义课程改革中，参与跨学科学习的学生在标化成绩评定中的优秀率高于传统分科学习的学生。由此可见，“跨学科”概念并非凭空产生，而是源于真实、客观的评价反馈，以及长期的跟踪和案例的积累。美国学者雷普克(Allen F. Repko)在《如何进行跨学科研究》一书中提出：跨学科研究是回答问题、解决问题、处理问题的进程，这些问题太宽泛、太复杂，靠单门学科不足以解决；它以学科为依托，以整合见解、构建更全面认识为目的。这一阐述较为简洁明了，有助于我们更清晰地理解跨学科研究的目的、内容和实施方式。以某一学科为依托，整合多学科的不同见解，仍然是“跨学科”追求的目标。

自“跨学科”概念提出以来，世界各国纷纷开启新一轮教育探索之旅。跨学科教学教什么、如何开展跨学科教学、跨学科教学的意义是什么等话题，逐渐成为教育论坛、教育项目的“常客”。1981 年，英国化学家戴维(Humphry Davy)提出，跨学科学习是指学生广泛地探索与他们生活环境中的某些问题相联系的不同科目知识，这些知识可以涉及多个领域——人文科学、自然科学、社会科学、数学、音乐、美术甚至交流技巧，从而使知识与技能在多学科领域的学习中得到发现、发展和应用。在这个定义中，“生活环境中的某些问题”“涉及多个领域”“应用”是关键要素。也就是说，跨学科学习所探究的对象大多为生活中的真实问题。这些问题往往比较复杂，具有结构不良的特征，因此需要学生调用多学科知识储备以解决问题。这一过程不仅能激发学生的学习动力，还能促进学生实现深度学习。1989 年，美国学者休梅克（Betty J. E. Shoemaker）提出，跨学科教学将跨越学科界限，把课程的各个方面组合在一起，建立有意义的联系，从而使学生在广阔的领域中展开学习。跨学科学习把教与学看成一个不可分割的整体，并反映相互联系的真实世界。在这个定义中，“跨越学科界限”“建立有意义的联系”“反映相互联系的真实世界”是关键要素。

在跨学科研究蓬勃发展的历程中，跨学科教学成为其中较为活跃的领域之一。国外大学和 K－12 教育阶段开展的跨学科教学改革呈现出多元化趋势。我国跨学科教学首先在高等教育领域生根，如不少大学积极发展新兴跨学科专业，组建跨学科学院，制定关于跨学科教学的改革措施和管理体制。[①] 近年来，随着经济全球化的迅猛发展和国际人才竞争的日益加剧，以美国 STEM 教育为代表的跨学科教学在世界各国受到广泛关注。同时，我国也愈加重视跨学科教学在基础教育改革和发展进程中的重要性，以 STEM 教育为契机，推进基础教育领域的跨学科教学发展。在跨学科教育改革和教学实践的过程中，“跨学科教学”的概念在不断变化。比如，有学者认为，跨学科教学是不同学科知识的交叉和衔接，也是多门学科在教与学的进程中融会贯通，体现在不同课程资源的组合、教学团队的合作、教师个人教学能力的整合等方面。[②] 也有学者认为，跨学科教学是跨越学科之间的界限，在注重各学科内在逻辑的基础之上建立学科间的联系，并将学科进行整合，进而在教学实践中实施整合后的多学科融合教学。[③] 目前，教育领域普遍认同的跨学科教学的定义为：跨学科教学是指以一个学科为中心（或以某一学科为主导），在这个学科中选择一个中心主题，运用其他学科的知识（或其他多门学科的资源），对这个中心主题进行教学设计和加工，并从其他学科的角度辅助分析和阐释中心主题，或完善问题解决方案，

---

① 刘仲林.交叉科学与交叉（跨学科）教育[J].天津师大学报，1986(4)：29－35.

② 汤新华.跨学科教学：与美国校长、教师的对话[J].中小学管理，2009(11)：48－49.

③ 于国文，曹一鸣.跨学科教学研究：以芬兰现象教学为例[J].外国中小学教育，2017(7)：57－63.

以更好地达成教学目标，进而全方位提升学生的学习能力和综合素养。从这个定义可以看出，在分科教学仍占主导地位的当下，要想实施跨学科教学，全才教师、全才专家不是必备项，扎实的学科功底、跨学科思维和意识才是必备项。由此可见，跨学科教学的务实性和可操作性是指各学科从各自视角出发，选择一个中心主题作为教学支点，多学科共同参与跨学科主题阐释或问题分析和解决。

2. 跨学科教学的类型

跨学科的“跨”，意味着既要跨越单一学科的边界，也要超越单一学科的研究范式，是对某个主题的多学科内容进行创造性连接和整合的过程。跨学科是一种认知方式、教学方式和研究方式，会对研修模式、教师成长产生深刻影响，因此本质上是一种开展创造性活动的重要方式。跨学科教学与多学科教学之间存在显著差异：多学科教学侧重于从多个角度看待一个问题或想法，往往是附加的；跨学科教学是整合的，它能提供超越学科界限的整体概念，也能深入研究整个系统的动态变化机制。形象地说，多学科教学犹如“水果拼盘”，而跨学科教学则更似“水果汁”。

从跨学科的性质看，雷普克将跨学科主要分为工具性跨学科、观念性跨学科、批判性跨学科三种形式。德国学者黑克豪森（Heinz Heckhausen）从跨学科成熟度的视角，将跨学科分为任意跨学科、伪跨学科、辅助型跨学科、综合型跨学科、增补型跨学科、合一型跨学科六种类型。由此可见，跨学科其实有很多分类，但要想实现多维度融合的跨学科，还是比较有挑战的。比如，初三年级的地理和生命科学跨学科教学（以下简称地生跨学科教学）难以一蹴而就地实现地理和生命科学学科的深度融合。这对初一和初二年级而言，更是难上加难。因此，整个初中阶段的地生跨学科教学是一个循序渐进的过程。那么，地生跨学科教学一般需要具备哪些条件呢？比如，形式上需要学科跨界，过程中需要知识交互，目标上需要立足问题解决，思想上需要价值导向。

问题 2　推进跨学科教学的背景是什么？

1. 教育需要探索未知的知识

德国学者安德烈亚斯·施莱歇尔（Andreas Schleicher）先生因为捕捉到教育改革能成为一门科学而非仅仅是一门艺术的契机，所以转行投身教育探索领域。正是怀揣着“教育科学变革”的梦想，他成为国际学生评估项目（PISA）的创始人及其他国际教育测量工作的领衔人。他提倡，学校要让学生的学习与现实情境和问题紧密联系，也要帮助学生树立适应多元化生活的意识。他坚信，如果教学仅仅局限于传授预先设定好的知识，教师的教学质量就难以达到较高水平。因此，新时期教育改革的主要方向之一就是让学生的学习与现实世界紧密关联，引导学生探索未知的知识。

正是由于安德烈亚斯·施莱歇尔先生的影响力，芬兰教育得以闻名遐迩。芬兰学生在经济合作与发展组织（OECD）开展的 PISA 测试中长期名列前茅，这便使得芬兰教育被公认为世界上最优质的教育之一。芬兰于 2016 年颁布了《基础教育国家核心课程 2014》，并在基础教育阶段全面实施。其中，备受瞩目的当属其提出的“现象式教学”。所谓“现象式教学”，就是教师提供几种社会现象或历史场景，师生共同选定一个主题后，通过协商制订具体的教学计划。由此可以看出，致力于培养学生问题解决能力的“跨学科教学”与“现象式教学”的基本思路较为一致。2001 年，美国国家科学基金会首次提出了 STEM 教育。其核心目的是将原本分散的科学、技术、工程、数学四门课程整合成一个全新的有机整体。这种整合并非课程之间的随意组合，而是基于学科知识、生活经验、以学习者为中心，旨在提升学生的分析能力、设计能力、合作能力、问题解决能力、实践创新能力等。STEM 教育的实施固然需要扎实的学科知识作为基础，但更需要跨学科知识和思维模式。因此，教育者要将自己的教改重心从引导学生掌握学科知识尤其是单一学科知识转变为培育学生的科学素养、创新能力等。STEM 教育以学生的探究实验为主要形式,属于科学领域跨学科融合教学的实践探索。

当前,世界各国在反思工业时代的教育、分科教育教学的弊端,以及分析未来社会、智能时代对公民素养的需求的基础上,对国家课程目标进行调整,出台教学改革计划,力求培养学生分析现实问题的能力和意识,助力学生更好地融入社会。“项目化学习”便是其中一项重要的举措。上海中考提出“跨学科案例分析”的考查要求,以此引领教师探索跨学科教学,致力于培养有用的人才。这一举措正是基于上述国际背景而提出的。

2. 教育需要跟上时代的步伐

在当今这个瞬息万变的时代,假如你尝试关闭手机一周,便会深刻体会到因资讯滞后而陷入“话语权折损”的窘境。世界的快速变化看似由资讯驱动,实际上是交通工具的多样化、人类活动场域的扩大与球状化、信息技术带来的海量人造数据等综合因素共同作用的结果。比如,中国在短时间内完成高铁网络的编织任务,这不仅扩大了人类的活动范围,还有助于人们实现更快速地抵达目的地的空间移动。随着人类开拓世界、利用和改造自然的范围逐步扩大,太空世界、深海空间、科拉超深井、人工智能、ChatGPT 等领域的创新突破,都在不断刷新原先的纪录。同时,现实世界对人类活动的反作用也在逐步增强。比如,全球变暖引发的气候异常、极端天气频发等,给人类的生产和生存带来了严重的威胁和危害。这就要求人类具备较高的素养,以应对现实世界的诸多问题。此外,由于时间紧迫,广大学生不能等到完成学业、步入职场后,才去深入认识现实世界。当今时代需要学生学习与现实世界密切相关的知识,并努力树立学以致用、举一反三的意识,不断提升思维的深度和广度。

当下这个快速变化的时代,其特征显著且多元。一方面,这是一个知识快速更新的时代。知识生产逐渐呈现出多层次、多形态、多节点、多主体、多边互动的创新格局,知识更新周期不断缩短。另一方面,这是一个全面创新的时代。新的岗位、新的工种、新的领域层出不穷,一些传统行业及龙头企业纷纷衰落,如柯达胶卷、诺基亚手机等。面对快速变化的时代,人们迫切需要通过一种能快速适应这种变化的学习方式，让自己在生活和工作中保持淡定、从容。跨学科案例学习应运而生，它以现实问题情境为载体，致力于探究现实问题的解决方式。这种学习方式不仅拉近了学生与现实世界之间的距离，还有助于学生适应快速变化的时代。

3. 教育需要应对复杂变化的现实社会

社会发展是指以个体为基础的社会关系逐步从个体层面拓展至社会整体范畴，个体拥有的物质和精神层面的自由不断向社会层面延伸，并实现个体社会化的过程。其中，涉及政治、经济、文化、习俗、体制等一系列社会存在要素的整体发展。当下社会的复杂性具体表现在快速变化、领域广泛、区域差异等方面。比如，20 世纪 70 年代末期，我国提倡实行严格的计划生育政策。彼时，中小学生学习的人口知识大多是人口快速增长所引发的资源匮乏、影响财富积累、基建压力巨大、脱贫攻坚困难等问题。显然，人口快速增长带来的不利影响远大于有利影响。步入 21 世纪，人口专家发出“尽快调整人口政策”的呼吁，随后历经独生子女夫妇可生育两个孩子、局部地区放开二孩、单独二孩等一系列政策的调整。全面放开二孩、鼓励三孩等人口新政的实施，旨在应对人口红利消退、人口数量下降、生育年龄推迟等现实问题。每一次人口政策的调整都涉及方方面面，不仅关乎养育层面，还有教育、基建、医疗等方面的保障措施和成本核算。要让“00 后”“10 后”树立鼓励生育的新理念，就需要作为独生子女的青年教师追求思想的解放，彻底摒弃陈旧的生育观念。对踏上教师岗位的独生子女而言，其自身理念的系统更新以及突破经典教育所造成的固有思维模式，还需要一定的时间。又如，如果将“内卷”“融媒体”“加持”“碳中和”“碳达峰”等新词汇放到以往的时代，其含义无人知晓。但这些新词汇必须融入当今时代的教学，从而使教学更加鲜活、更贴近学生生活，最终使教育与时俱进，并富有灵动性和理趣性。

对于美国石油资源匮乏、新疆是闭塞的边陲之地、一碗黄河水半碗是泥沙、光伏产业的“危”与“机”、中国造船业、中国新能源汽车、镓和锗的出口管制等话题，当下的认知与以往的认知之间存在巨大差异。这种认知差异的背后有一张复杂的关系网络。若想完全明白其中的变化，则要具备跨学科知识和思维。同时,对这种问题的真实认知,又关联着规划、选择、决策等问题。学习跨学科知识,熟悉跨学科案例,培育跨学科思维,对未来公民的生存和社会的发展具有重要意义。2018 年 3 月,《关于国务院机构改革方案的说明——2018 年 3 月在第十三届全国人民代表大会第一次会议上》提出,组建自然资源部,将过去分散在国家发改委、住建部、水利部、农业部、国家林业局等部门的自然资源调查和确权登记职责进行整合,统一行使用途管制和生态修复的职责。组建生态环境部,统一负责生态环境监测和执法工作,监督管理污染防治、核与辐射安全。这进一步明晰了"生态"和"环境"的概念界限,有效解决了多头管理、效率低下等问题,从总体上提升了政府的行政效率和服务水平。在国家机制的引导下,各层级相应的岗位配置力度会加大,人才需求量会增加,从而满足推动跨学科思维进一步发展的社会需求。

4. 教育需要始终以学生发展为目标

在儒家文化圈内,相较于世界其他地区,更重视考试,尤其是决定学生升学分流走向的中考和高考。这种以考试文化为主体的"干流",与旨在培养学生解决现实问题的能力的"支流"相比,它们的"径流量"差异较大。现今学校因为所在区域的政策、教育环境、办学理念、学生质量、师资力量等差异,所以导致培养的学生在认知能力、综合素养、实践经历等方面参差不齐,以及头部学生与底部学生差异较大。但总体而言,学生思维素养的培养还是建立在学科知识学习的基础上。因此,大多数学生对现实社会的综合性体验和感悟有所欠缺,具体表现在对社会变动的感知不够灵敏、对现实问题的理解不够全面、缺少解决现实问题的策略和路径等方面。这些表现导致其组织协调、问卷设计、资讯甄别、分享交流等方面的能力无法满足现实社会和时代发展的需求。当前,人类已进入人工智能时代,各项技术、各种观念正加速跨界与融合。比如,新能源汽车的显示屏已融合多种智能技术,锂电池的研发需要依赖新型材料,座椅和显示屏的设置需要兼具舒适度和功能性。又如,海洋牧场已突破时空限制,向智能化方向发展。全球首艘 10 万吨级智慧渔业大型养殖工船"国信 1 号"被称为"移动的海洋牧场",它通过"移动"解决海洋区域温度季节性差异较大的问题,并改善养殖渔场的生态环境，助力掀起第六次海水养殖浪潮等项目加速推进。这些项目涉及物理、化学、地理、生命科学等学科知识，通过突破固有的学科、技术、组织界限和旧思维，以及与多项技术交叉融合，持续生成新的技术形态，孕育新的产业、行业和职业。跨学科复合应用型人才凭借多学科知识结构、宽领域知识视野、高层次知识水平，已然成为社会进步发展的关键驱动力。在单科教学过程中巧妙融入其他学科的思想观念，能拓展学生思维的深度和广度，提高学生同化新知识的速度。

PISA 测试表明，在各个国家内部进行对比时，学生在某一学科上投入的学习时间越多，其相应学科成绩则会越好。因此，有学者主张学校应延长教学时间。但遗憾的是，学习时间越长的国家，其 PISA 成绩反而越不理想。这主要是教学质量低下造成的。然而，上海的实际情况则不同。在义务教育阶段，上海学生的在校学习时间不算长，但其非在校学习时间则不短。非在校学习时间需要资源保障以及经济条件的支持，因此上海学生总体成绩优异的背后也隐藏着学生个体差异的客观现实。即使是同一所学校，也存在这一现象。在促进义务教育阶段学生全面发展的背景下，如何给予学生充足的在校学习时间和多样化的课程选择，已然成为摆在各中小学校面前的一个教育命题。开发什么样的课程，以及强化什么样的教育，才能有效引导学生向善发展并实现素养提升？开展跨学科的课程开发、活动设计、师资培养等，营造有利于培养学生跨学科思维的良好生态，并形成相应的机制和示范，亦是教育改革进程中的关键方向之一。

5. 教育需要有效培养时代所需的人才

在探索培养时代人才的道路上，战略和战术的配合不可或缺，既要有“术”的追求，也要有“道”的引领。比如，开展研究性学习、单元设计、任务单设计、混合教学、项目化学习等，在“术”的层面上寻找合适的教育发展方向，致力于培养学生具备丰富学识、开阔视野、有效学法、良好习惯等。又如，我们总会看到教育之道的引领作用，如通过因材施教、非智力因素开发、减负增效、深度学习等，力求在“道”的层面上寻求教育突围与精进，致力于培养学生具备正确的价值观、鲜明的个性、良好的社会认知、领袖气质等。

教育中“术”和“道”的融合,一直是教育管理者和广大教师在教育教学实践中的诉求。其中,比较典型的课题是“用学科德育提升教学价值”。这一课题旨在纠正学科教师过度关注本学科专业知识、能力、方法、过程的倾向,引导学科教师重视挖掘学科德育元素,并将其融入日常教育教学。这一课题中的“教学价值”并非等同于学业成绩或简单的分数。但不可否认的是,当教师充分挖掘学科德育元素并实施教学时,一般不会出现因花费额外精力和时间而影响学生学业成绩的情况。相反,二者是一种互为促进的关系。2001 年,《基础教育课程改革纲要(试行)》明确提出:“改变课程结构过于强调学科本位、科目过多和缺乏整合的现状,整体设置九年一贯的课程门类和课时比例,设置综合课程,以适应不同地区和学生发展的需求,体现课程结构的均衡性、综合性和选择性。”

因此,初中教育应致力于引导学生走进现实社会,培育学生解决现实问题的能力,寻找符合时代需求、“道”与“义”相融合的教育载体。通过寻找和简化现实情境案例,弥补教材内容的滞后性,同时融入社会主义核心价值观,在跨学科思维能力、思维习惯、思维意识以及协同合作、核心素养、社会责任、家国情怀上进行富有可视化成效、前瞻性、潜力的教育教学实践探索,成为初中阶段教育改革的可行路径之一。对初中跨学科教学的实践探索,如同其他教育课题研究一般,具有阶段性、区域性、与环境的关联性,会随着时间、空间、教育生态环境的变化而变化。如果后一阶段的研究能将前一阶段的探索结果作为基石,跨学科教学的后续推进之路就会更为稳健、顺畅。

问题 3　推进跨学科教学的目标是什么?

1. 落实学生核心素养,培养全面发展的人才

推进跨学科教学的总体目标是培养学生的问题解决能力,即面对各种自然现象、社会现象时,具有运用跨学科知识分析问题的思维习惯,以及参与并解决

简单的真实问题的能力。这实际上是对当前初中教育教学状况的一种纠偏与调适。比如,当前初中阶段以分科教学为主,侧重于学科问题的解决,以及学生对学习的追求和知识网的个性化构建。初中各学科教学犹如"短跑竞赛",在各自的跑道上"加速冲刺",力求在短时间内高效地实现各自的目标。在这样的教育生态环境下,学生养成的主要是单一学科思维,解决的多是单一学科问题,缺乏利用跨学科思维解决现实问题的能力。对学生来说,缺乏各学科的基础知识和解决学科问题的思维是难以满足未来社会的素养要求的。

以前,高分低能是指学生在理论知识考查时可以获得高分,然而其实际操作能力却较弱,或者在日常生活中没有树立运用学科知识解决现实问题的意识。如今,这一表述被赋予了更具时代特征的内涵。比如:学习了物理学科中的电路知识,但不一定能看懂家庭电路布局;学习了地理学科中的时差知识,但打电话给新疆或欧美好友时,不一定有考虑时差的意识;学了生命科学学科中的植物分类知识,但不一定清楚我们吃的茭白属于植物的哪个部位。在针对初入高中的学生开展的关于"学校校门面向哪里"的测试中,尽管这是一个难度并不大的现实生活问题,而且学生每天都有进出校门的体验,但学生回答的正确率却不高,更难以用示意图进行图解说明。照理来说,方位问题和示意图的相关知识已经学习过,并且考试也曾考查过,那么原因究竟出在哪里?根源在于学生的学习与现实生活问题之间的联系不够紧密,也就是学习脱离现实生活的现象比较普遍。长此以往,学生似乎忘记了学习的最终目的是更好地感悟和享受生活,更好地服务于社会发展,而非局限于考试等。

在面对现实问题,甚至是简单的现实问题时,只有具备跨学科思维,才能更全面、深入地认识和解决问题。以"屋顶花园"为例,我们该如何评判其功能和价值?台风来临时,屋顶花园存在哪些隐患?我们需要采取哪些措施加以应对?当然,假如你随意对待或简单粗暴地处理,那就是另外一回事。不可否认,目前学生的学习并非与现实生活问题完全脱节,只是这种联系不够紧密,或者在时空上存在差异性。此外,学生的跨学科思维也无法满足时代需求,或者说与他们的心智年龄不匹配。推进跨学科教学,正是为了纠偏与调适这些问题。目前,初中阶段的教育改革还需要借助考试指挥棒加以引导。这充分表明教育管理者和工作者尚未摆脱教育困境,社会教育生态仍有较大的改善空间。

2. 落实教育者核心素养,提升教育教学质量

推进跨学科教学,肯定会引发配套效应。要想培养学生借助跨学科思维分析和解决现实问题的能力和意识,学校教育规划与课程设置、教师与教学、学科发展等初中教育生态系统的不同组成部分都要协同跟进、积极应对。比如,地生跨学科教学在初三中考中有所涉及,但并非仅在初三年级开展教学活动。低年级的课程设置如何助力跨学科教学,或者找到跨学科教学的着力点?这既需要新教材发挥引领作用,也需要学校决策者的教育智慧。富有远见的学校决策者往往会在短期内面临更多困惑,二者呈现正相关。因为对跨学科教学目标规划得越长远,学校决策者的短期困惑则会更多。从长远看,这有利于学校各方面的持续、健康发展,也有利于促进学生的终身发展。近年来,在应对跨学科案例分析题的考查方面,学校将主要精力集中于跨学科教学的具体落实以及毕业班学生的学习指导上,总体比较务实。但在跨学科教学的价值认同与意义认识、学校课程的整体设置与统筹安排、保障措施的有效实施、师资力量的合理配备等方面的探索,还有待后续进一步的反思、统整和规划。

推进跨学科教学,关键在于教师和教学。理论上,若要培养学生的跨学科思维和能力,教师首先要具备相应的素养。现实中,习惯于分科教学的地理和生命科学教师一开始的确难以应对跨学科教学,这一情况在其他学科教师身上亦是如此。从知识储备的角度看,在推进地生跨学科教学的过程中存在以下现实困境:地理教师的生命科学知识显得捉襟见肘,生命科学教师的地理知识储备相对匮乏。两科教师的知识储备不足只是其中一个方面,更具挑战性的是学科思维和学科发展。比如:地理教师要想说清楚植物传授花粉及其类型判断并非易事;生命科学教师要想详尽说明城市内涝的前因后果,恐怕也会出现偏差。此外,地理和生命科学两门学科的核心素养也不尽相同,并且彼此较少关注对方学科的发展前沿。由此可见,学校推进跨学科教学,必然会带动教师加强学习,促进地理和生命科学教师开展混合研修,从而促使他们构建全新的教研范式,以期在较短时间内实现教师个体素养差异的互补和融合。如果没有推进跨学科教学,地理和生命科学教师的工作和生活则会较为平静且按部就班。从另一方面思考,

这也许是因为广大教师对当前教材和课标太过熟悉，因长期相伴而缺乏新鲜感或激情，所以他们参与学科教研的欲望和期待不高，其探索的教学热点“不热”且数量不多。

得益于跨学科教学的兴起，地理和生命科学教师在学术研讨、教研活动、教学协同等方面的联系愈发紧密，同时他们参与教研的积极性以及情感投入较之以往都有显著提升。在地理和生命科学两门学科中，无论是青年教师还是富有经验的老教师，其跨学科教学的专业素养都得到一定程度的提升。在广大教师的印象中，青年教师在求学和研修的过程中思维敏捷、反应迅速；老教师则热情不减，在研修的过程中往往更专注和投入，生怕遗漏重要内容，也能在研修后对相关内容进行追问。如果以“初中跨学科案例”为关键词进行检索，我们有理由推测，初中地理和生命科学两门学科的教育教学研究论文数量呈现出“井喷式”增长。此外，跨学科教学也成了初中地理和生命科学教师之间的日常交流话题，类似于“你吃饭了吗”。从另一视角看，近年来，教师的工作量、忧虑、压力、挑战也随之增加。

自“二期课改”推行以来，配套的初中《地理》和《生命科学》教材经过几次修改，逐渐与时代接轨，并增加了“方便面与红猩猩的故事”“不给地球留‘疤痕’”“理解因地制宜的必要性”等一系列案例，跨出了学科领域，需要学生具备跨学科思维。但是，初中地理和生命科学两门学科的课程标准和教学基本要求总体改动不大，并且跨学科案例数量有限，因此使用了近 20 年的教材自然存在一定的滞后性，时代感有所欠缺。此外，广大教师对教材内容十分熟悉，缺乏进行创新变革的动力。新课标和新教材一经推出，上海各区县的教师通过学习、实践、研修、总结提炼，形成了“黄河流域的水土流失”“让地图说话”“学会画平面图”“洋流”等众多优秀实践案例。比如，在“黄河流域的水土流失”的研究性学习中，学生通过设计实验、观察实验、记录实验数据和分析实验机理展开学习。又如，在“学会画平面图”的研究性学习中，学生围绕特定主题情境，自主参与探究性学习活动，亲历距离测量等问题的实践探索过程，从而促进主动发现，丰富学习体验。所有案例配上设计意图、实践效果、专家点评等，汇编成册，并于 2003 年由上海教育出版社出版，即《地理学科研究性学习设计和实施案例》。此后，上海基础教育如此成规模的探索也就是着力于学科育人实践的系列项目，但其影响力和研究效能可能不及研究性学习的实践探索。

正因为每一轮探索都充满诸多潜在的可能性和未知性，所以才能激发广大教师在投入热情的同时，还能激活课堂并促进学科教学的深度融合。跨学科教学的探索历程也是如此，其核心在于培养学生运用跨学科思维解决现实问题的能力。这些问题多以情境案例的形式呈现：一类情境源自当下的现实生活，如台风"烟花"、千姿百态的旗形树；另一类情境问题的解决则能助力学生更好地了解、欣赏、解码这个世界和社会，如科隆群岛上的企鹅、感受布朗族的茶文化、茶马古道、丹顶鹤越冬地选择、守"沪"九段沙等。比如，守"沪"九段沙从地理、生命科学、化学、物理等视角诠释了九段沙的形成原因、地形地貌特征、生物的演化和分布、长江入海口水质的变化等。这些"接地气"的话题，给学生带来新的视角和思考，并由此激发了学生的学习兴趣，激活了学生的跨学科思维细胞。在跨学科教学这一任务导向的驱动下，与之相对应的课堂教学内容编制、教学情境创设、教学任务研制等必然会经历一系列变革和创新。

问题 4　跨学科教学有哪些特征？

1. 跨学科教学不等于社会实践

跨学科教学的目标是培养学生运用多学科知识解决现实问题的能力，树立运用跨学科思维诠释和解决问题的意识。虽然跨学科教学的知识源于不同学科，但其研究的重心是现实生活问题而非学科核心问题。跨学科教学的实施路径丰富多样，既可以依托地理、生命科学、科学等学科，在常规课堂中展开，也可以在校本课程、研究型课程、拓展型课程、社会实践中展开。但我们需要明确的是，跨学科教学与社会实践之间存在本质区别。尽管二者都围绕特定主题展开，但社会实践往往有自己独特的内容，并且有些内容不必以学科为基础，如志愿者服务、军事训练、学农实践等，而跨学科教学始终都要围绕某一学科牵头的主题内容展开。当然，二者能在非遗博物馆学习、“三农”考察、上海海湾国家森林公园研学、苏河湾之海派城市考古、黄浦滨江文化探秘等活动中实现有机融合、协同推进。

2. 案例教学是开展跨学科教学的一种有效方法

跨学科教学的方法与其他学科教学的方法一样丰富，其中比较有效的方法是案例教学。案例教学是一种通过案例提供情境并组织学习的教学方法，具有目的明确、客观真实、综合性强、启发性深刻、实践性突出、学生主体地位凸显、过程充满动态变化、结果呈现多元化等特点。就其启发性深刻这一特点而言，案例教学强调并不存在绝对正确的答案，其核心目的在于启发学生独立自主地展开思考和探索，注重培养学生的独立思考能力，引导学生构建一套分析和解决问题的思维模式。因此，在跨学科教学过程中，为学生留白、设置开放性话题便成了常见的做法。此外，案例教学对案例的真实性有着较为严格的要求。

3. 跨学科教学思维不是一种简单的堆砌思维

跨学科教学思维是指建立在中心学科基石上的多学科联动思维。开展跨学科教学的最终目标是培养未来公民的跨学科思维能力和意识，从而助力其在未来生活和工作中提升判断力、欣赏力、决策力。跨学科教学思维不是一种简单的堆砌思维，而是一种基于多学科知识及其特质的融合思维。这种思维具备较强的应用性和逻辑性，它能淡化学科界限，以及突破各学科内容及其特质思维的禁锢。

跨学科教学具有哪些典型特征？结合上海中考新政来看，跨学科教学具有跨学科性、趣味性、情境性、设计性特征。

第一，跨学科教学具有跨学科性。跨学科教学需要教师突破单一学科的局限，综合运用多学科知识思考和解决问题。针对上海目前推行的跨学科教学，教师需要通过综合运用地理和生命科学学科知识，实现学科之跨。在初中地生跨学科教学中，教师不再将重点放在地理和生命科学学科上，或者过度关注两门学科的界限，而是聚焦特定现实情境，如科隆群岛上的企鹅为何体型比较小、造成澳大利亚火灾的自然原因是什么、为什么东北黑土如此肥沃、崇明西滩为何呈现出生物多样性等问题。以“科隆群岛上的企鹅为何体型比较小”为例,赤道附近的科隆群岛出现企鹅这一现象看似违背常理,实则与该地区独特的地理环境密切相关。由于秘鲁寒流经过,其降温减湿作用使该地区相较于同纬度其他地区更为凉爽、干旱。科隆群岛上的企鹅与南极洲的帝企鹅相比体型较小,这是其适应科隆群岛靠近赤道的相对高温环境的一种演化表现。这个案例强调地理和生命科学学科知识相互关联,旨在通过跨越学科界限,提高学生解决实际问题的能力。

第二,跨学科教学具有趣味性。在初中地生跨学科教学的实施过程中,教师要将地理和生命科学学科知识融入有趣、未知、有意思的任务以及与现实生活相关的案例。这里强调的趣味性并非局限于教学内容有趣,而是更多地体现在有温度、有趣味的问题设置上。比如,中华鲟洄游、黄河水变清了、藏羚羊大迁徙等。此外,趣味性还体现在案例学习内容往往处于部分未知或碎片化知晓的状态。这些带有一定神秘色彩的案例因其富有挑战性而能有效激发学生的学习动机和情感投入,使学生在学习中获得解密或构建完整知识链的乐趣。以“武夷山大红袍”为例,其生长于武夷山山谷中,因这一地区的日照充足且气候温和而具有独特的风味和品质。同时,跨学科教学中问题和活动的创设,强调学生的研究、探讨、创造、分享,让学生在互动体验中获得快乐感和成就感。这是趣味性的另一来源。

第三,跨学科教学具有情境性。初中地生跨学科教学以案例为载体,将地理和生命科学学科知识与现实生活关联起来,将抽象、单一的学科知识转变为现实生活中的问题元素,即将学科知识情境化。比如,通过创设“寻找 8424 西瓜的生长环境”这一教学情境,促进学生主动学习,以及自主构建跨学科知识网络。当学科知识融入特定情境时,二者就会产生积极的互动。相同知识在不同情境中的意义有所区别,相应地,运用知识解释和解决问题的能力要求也会随之发生变化。又如,通过创设“是选用 8424 西瓜还是新疆西瓜作为鲜榨果汁原料”这一情境问题,引导学生对两地西瓜的特质和生长环境进行比较,运用跨学科知识进行逻辑推理。在跨学科教学中,如果将学科知识融入相应的情境,学习的意义就会发生变化。这不仅有助于增强学生学习的真实感,还有助于学生对知识进行结构化整合和社会化理解,以及提升学生迁移应用知识的能力。

第四，跨学科教学具有设计性。跨学科教学的有效实施离不开精心的教学设计。现实世界中存在海量问题和现象，如果不加甄别、筛选和整合，就会造成信息过载、资讯干扰等问题，从而影响跨学科教学的效能。以无花果相关情境素材为例，其涵盖内容极为庞杂，不仅要对跨学科教学内容进行设计，还要对无花果案例的文字、图像和情境进行设计。其中，问题的设计极为关键，它直接关系到学生学习的动力和教师教学的张力。跨学科教学设计与单科教学设计之间是有区别的，它需要兼顾不同学科知识的有机融合、题型类型的合理选择、内容结构的优化呈现。在初中跨学科教学中，问题的设计往往是比较难的一环，但也是有意思的一环。比如，无花果为何成为航天育种的水果种子的首选①、为何首选四川省内江市威远县作为太空无花果种子栽培地。一旦问题冲突设计成功，因为其蕴含教师的教学智慧并兼顾学生的知识与能力基础，所以能为教学和学习活动增值，也能较好地达成跨学科案例教学和学习评价的目标。

总之，跨学科教学的研究对象较为复杂。其教学实施过程聚焦对现实问题进行基础性理解，或者为现实问题找寻切实可行的解决途径，又或者提出针对某个现实问题的分析与思考过程。

---

①　通常情况下，太空育种多集中于各类农作物和蔬菜，果树相对较少。无花果之所以能脱颖而出，主要得益于两大优势：一方面，无花果从种子播种到结果只要两至三年时间，其生长周期比苹果、梨、桃等果树要短得多；另一方面，无花果的粒重较轻，在同等重量条件下，能搭载更多的无花果种子。

第二章

推进跨学科教学

问题 5　跨学科教学属于教育创新举措吗?

1. 跨学科教学的历史溯源和时代演进

（1）跨学科教学不是一个新话题

正如跨学科问题一样，跨学科教学也是一个具有深厚底蕴的古老话题。回溯至人类诞生之初，随着地球环境的漫长演化，生命科学悄然萌生并开启了从海洋走向陆地的伟大征程。若想说清楚生命科学的起源，地理学和生物学需要联手，因为大自然原本就是由多学科元素融合而成的。人类发展史就是人类认识自然、征服自然、改造自然的历史。从本质上讲，了解世间万物的起源和发展历程，就是了解自然和社会的发展变化的过程，而要了解这一过程，自然需要借助多学科视角进行综合考量。复旦大学葛剑雄教授对“上海滩演变”的精妙解读，便是这一理念的生动体现。从最初的上海到近代的上海，再到现代的上海，葛教授凭借其在历史和地理学科的深厚造诣，将这一演变历程的时空脉络清晰而准确地呈现于世人眼前。梁启超先生曾指出:“读史不明地理，则空间概念不确定，譬诸筑屋而拔其础也。”

（2）不同时代学习形态和空间的教育变革轨迹

1.0 版学校诞生于人类从原始社会过渡到农业社会的时期。这一时期的教育聚焦文明和知识的传承，同时，学习场所也发生了显著变化，从原始社会以狩猎采集为主的旷野逐步走向有相对固定空间的特定地点。原始学校、私塾、书院、教会等应运而生，成为传授知识、文化、技能和社会规则的固定场所。当时，一名教师往往肩负多学科教学的重任，如孔子教授六艺等。2.0 版学校则诞生于人类从农业社会过渡到工业社会的时期。工业时代的主要特点是规模化生产和精细分工。这对人才培养提出了全新要求，如对专门人才的需求急剧攀升。这一时期，传统的私塾授课模式被班级授课制取代，教师开始专注于某一学科的专业教学。当下，我国的学校教育就处于这样的状态。此外，分科教学在这一时期呈现出爆发式增长态势。分科教学是对知识进行系统性学习的指导，它能引导学生沿着不同学科方向进行纵向深入探索；同时，它在某种程度上造成了学科壁垒，限制了学生整体认知的发展和综合素养的提升。这种局限性不利于培养适应社会多元化需求的复合型人才，对学生创新创造能力的培养也产生了一定的阻碍作用。3.0 版学校教育是人类从工业社会进入智能社会的教育。这一时期，教育不仅更注重个性化教育的深入发展，还强调引导学生自觉履行社会责任。面对纷繁复杂的现实世界，培养学生的跨学科思维意识已然成为教育的关键任务和核心使命。

2. 跨学科教育研究的历史轨迹和本土探索

（1）跨学科教学较早便进入教育研究的视野

19 世纪初，瑞士学者裴斯泰洛齐（Johann H. Pestalozzi）提出，大自然就是一个互相联结的整体。他认为，人类判断力的成熟无不表现出对判断对象的所有组成部分都获得了完整感知的结果。这实则表明人的聪慧程度与整体认识密切相关。由此可知，这一时期的研究已经关注到整体思维的重要性。国外学术界对跨学科问题的关注始于 20 世纪 20 年代，而国内相关研究则始于 20 世纪 80 年代。20 世纪上半叶，现代学科体系逐步构建成型，呈现出综合化和整体化趋势，跨学科研究顺势成为学界关注的一个热点。美国学者杜威（John Dewey）针对当时脱离实际、远离学生的教育状况，提出了“教育即生活”的理念。他认为，最好的教育是“从生活中学习”“从经验中学习”。20 世纪中期的教育革新（如进步主义教育、STEM 教育）提出学科渗透的教学理念。此举开创了跨学科教学探索的先河。美国学者泰勒（Ralph W. Tyler）则在阐述有效组织学习经验时，着重强调了连续性、顺序性和整体性三个原则。在对整体性原则进行诠释时，他举例说明：在算术课中，虽以培养学生处理数量问题的技能为目标，但同时需要考虑到所学知识在社会科学、自然科学和购物等各类日常生活情境中的应用。由此，社会科学与自然科学之间的交叉渗透等跨学科研究蓬勃兴起。20 世纪六七十年代，大量交叉学科、边缘学科不断涌现，世界各国的学科课程呈现出跨学科、综合性的趋势。跨学科教育和跨学科教学犹如并行的双轨,二者既紧密关联,又各具特色。它们研究和探索的核心主题都是围绕跨学科展开的。跨学科教育以教育家、高校专家为主体,侧重于对跨学科教育的顶层规划和设计;跨学科教学则以教育教学研究专家、基础教育工作者为主体,侧重于对跨学科教学的内在机理和具体实施策略的探索。

(2) 我国跨学科教育的探索历程

杜威的学生、我国著名教育家陶行知提出"生活即教育"的理念。他深刻认识到生活本身是复杂的,进而强调学习全面性的重要价值。我国跨学科教学兴起于 20 世纪 80 年代。1985 年 4 月,全国首届交叉科学学术讨论会在北京召开,并于会后出版了论文集《迎接交叉科学的时代》。此次研讨会正式开启了我国跨学科研究的实践探索之路。被誉为"中国航天之父""中国自动化控制之父"的钱学森提出开放的复杂巨系统理论,并于 1992 年提出建设从定性到定量的综合集成研讨厅体系的设想。钱学森对地理学科的见解也颇为深刻,将其定义为"开放的复杂巨系统"。他认为,地理学科内涵丰富、结构复杂、综合性强,这些特性促使地理学科与其他学科之间建立紧密联系。21 世纪初,原上海市教育委员会教学研究室在全市范围内开展了关于"学科研究性学习"的实践探索。此外,上海也开始在初中和高中阶段试行具有综合特色、面向真实世界、以微项目为载体的研究型课程和拓展型课程。同时,高中阶段则开始设置文科综合、理科综合考试科目,并将高考模式设为"3+1+X"。其中,"X"为综合科目,分值 30 分,计入高考总分。这一模式一直延续至 2012 年。

3. 新背景下上海跨学科教学的思考与实施

(1) 上海跨学科教学的进展

以《普通高中地理课程标准(2017 年版)》为例,此课程标准重构了地理课程目标体系,明确将综合思维确立为地理学科核心素养之一。地理学科所具备的综合性特质,从本质上决定了其与其他学科之间存在着紧密联系。事实上,各学科都积极倡导与其他学科"联姻""结对"。上海中考新政推出的跨学科案例分析题,引发了全社会对初中跨学科学习的关注。一时间,学校、教师、学生该如何应对迅速成为热门话题。其实，初中跨学科学习是有基础的，其主要实践阵地集中在研究型课程、拓展型课程、社团活动课程和校本课程的开展过程中。部分课程及相关活动方案比较成熟和完善，并且成果丰硕，因此能助力学生发展和学校文化建设。比如，上海市民立中学的环保社团以学校的屋顶花园及其微型农场为依托，组织学生开展咖啡渣的再利用、果树种植与果实利用等活动。这一社团深受学生喜爱，取得了良好的社会反响，并发挥了良好的辐射带动作用。又如，上海交通大学附属第二中学基于南京明城墙研学项目，组织师生开展城墙文化解码和保护工作。通过跨学科学习，学校取得了一系列成果等。

（2）跨学科研修成就跨学科教师

在跨学科教学的实践过程中，地理和生命科学教师承担了多项任务，也涌现了不少优秀的跨学科教师。这些教师普遍具有较强的课程开发能力以及良好的跨学科思维能力和意识，并能完整地呈现活动设计与成果。尽管在各区域范围内并不缺乏具有跨学科思维能力和意识的教师，但缺乏开展地生跨学科案例设计和教学的教师。总体而言，“基于地生跨学科案例教学的地理和生命科学学科互动教研以及两科教师联合施教”这一关键环节，其研修土壤还比较贫瘠，相应的环境生态也不够完善。在这样的情况下，要想构建初中全学段的跨学科教学课程体系，并合理安排相应的课时，促使地理和生命科学学科的全体教师将跨学科教学作为一种“主食”，将其有机融入日常学科教学，则需要我们进行持续探索，而不能一蹴而就。

问题 6　上海为何首选地理和生命科学跨学科？

地理学科具有明显的地域性和综合性，兼具自然科学和社会科学双重性质。生命科学学科的研究对象是生命，因此具有极强的综合性。两门学科在培养科学精神、融合人文素养、推进素质教育、培养全面发展的学生、提升学生跨学科分析能力等方面，都发挥着不可替代的关键作用。倘若探究“上海为何首选地理和生命科学跨学科？”这个问题，或许有人会提及这是中考新政中仅存的两个学业水平考试科目。然而,我们则是从初中地理和生命科学学科的相关性维度展开深入分析,并对地生跨学科教学的基础性条件进行解读。

1. 相关性分析的工具设计

要对初中地理和生命科学课程进行跨学科教学实践,就要先了解这两门课程之间的相关性,即两门课程的交集及其相交的程度。深入分析初中地理和生命科学课程的相关性,其核心目的在于找到两门课程有机融合的有效路径,从而为教师创设适宜的跨学科学习情境,并为其设计合理的跨学科学习方案提供参考。

地理和生命科学分属于不同的学科门类,各自有独立的学科内在逻辑,其中蕴含着学科固有的思维规律和客观规律。初中地理和生命科学两门课程的设计,是在各自学科内在逻辑的基础上,充分考量了初中生的身心发展规律以及现实世界对人才培养的具体诉求。从初中学段的视角出发,通过对课程设计的细致体察,我们可以发现地理和生命科学课程既有相通之处,也存在一定的差异性。比如,两门课程的相通之处体现在均着重凸显了系统相关性。初中地理注重区域地理与国家地理、全球地理之间的联系,强调自然地理与人文地理的相互关系;初中生命科学强调生物与生物、非生物环境之间的联系。在差异性方面,初中地理具有鲜明的“空间尺度”特点,初中生命科学则表现出典型的“时间尺度”特点。这些相通之处和差异性为初中地理和生命科学的融合提供了契机。

接下来,我们从宏观的课程设计以及微观的教学内容和能力设计两个角度深入分析初中地理和生命科学的相关性。在课程顶层设计的相关性分析环节,我们采用系统引导的方法,先识别两门课程在同一范畴内的条目列表,再编制包含一致性、相似性和差异性的相关性分析工具,最后借助该工具确定初中地理与生命科学之间的关系。其中,一致性用符号③表示,相似性用符号②表示,差异性用符号①表示。在微观层面,我们采用自由组织文本的分析方法,对教学内容进行细致剖析,从知识、技能和素养等维度梳理两门课程的交集。我们在分析过程中参考的资料主要是:《上海市中学地理课程标准(试行稿)》《义务教育地理课程标准(2011 年版)》《义务教育生物学课程标准(2011 年版)》《上海市初中地理学科教学基本要求(试验本)》《上海市初中生命科学学科教学基本要求(试验本)》,以及由上海教育出版社出版的初中《地理》和初中《生命科学》教材。

2. 课程标准的相关性分析

国家课程标准是教材编写、教学、评估和考试命题的依据,是国家管理和评价课程的基础。为积极响应上海市教育委员会对本市初中地生跨学科案例分析教学的要求,并紧密结合教学实际情况,本书以《上海市中学地理课程标准(试行稿)》《义务教育地理课程标准(2011 年版)》《义务教育生物学课程标准(2011 年版)》作为文本分析对象,从课程性质、课程理念、课程目标、课程内容四个方面深入解析初中地理和生命科学课程的相关性。

(1) 对课程性质的分析

初中地理和生命科学在学科功能、教育功能和社会功能方面的相关性如表 2-1 所示。

表 2-1　初中地理和生命科学在课程性质上的相关性工具量表

维度	初中地理	初中生命科学	相关性类型
学科功能	义务教育地理课程是一门兼有自然科学和社会科学性质的基础课程	生命科学是自然科学中的基础学科之一	②
教育功能	从地理的视角认识和欣赏世界,增强学生对地理环境的理解能力和适应能力	激发学生对生命科学产生更浓厚的兴趣,并对生物学知识有更深入的理解,从而提升探究能力、学习能力和问题解决能力,以及在责任感、科学精神、创新意识和环境意识等方面得到显著提升	②
社会功能	关注现代社会需求,培养学生应对人口、资源、环境和发展问题的能力	关注社会需求,培养学生应对人口问题、资源危机、生态环境恶化和生物多样性面临威胁等的能力	③

从学科功能看,除了初中地理具有社会科学的属性外,两门课程都具有自然

科学的属性。在教学过程中,两门课程既要求学生通过学习掌握基本的学科知识,又要求学生能深刻领悟前人在研究过程中持有的观点以及解决学科问题的思路和方法。换言之,两门课程都可以为学生提供如同科学家开展研究一般的学习情境和学习方式。

从教育功能看,初中地理和生命科学存在较为明显的差异,主要表现在学科育人目标的不同设定上。尽管如此,两门课程的教育功能都高度重视对学生实践能力的培养。

从社会功能看,初中地理和生命科学表现出高度的一致性。它们都关注社会需求,致力于培养学生应对人口问题、资源危机、环境问题等的能力。由此可见,紧密联系现实世界、聚焦社会热点问题、培养学生的问题解决能力,是开展初中地生跨学科教学的关键着眼点。

综上所述,通过对初中地理和生命科学课程性质的深入分析,我们可以清晰地看到其在教学方式、教育目标(主要指向学生能力和素养的培养)、教学内容等方面,为两门课程的融合提供了切实可行的可能性。

(2) 对课程理念的分析

课程理念是国家在对现实教育的深刻分析和对未来教育的展望的基础上形成的思想结晶,具有时代性和前瞻性。它既是课程的灵魂,也是课程的支点。通过对课程理念展开深入分析,我们可以发现,初中地理和生命科学的课程理念在学生观、课程观和课程实用性方面呈现出相关性(见表 2-2)。

表 2-2 初中地理和生命科学在课程理念上的相关性工具量表

维度	初中地理	初中生命科学	相关性类型
学生观	学习地理对学生终身发展有用	着眼于学生全面发展和终身发展的需要	③
课程观	着眼于学生创新意识和实践能力的培养	突出创新精神和实践能力的培养	③
	构建开放的地理课程,倡导多样的地理学习方式	倡导探究性学习	②
课程实用性	提升学生的生活品位,增强学生的生存能力	提高每个学生的生物科学素养	②

从学生观看，初中地理和生命科学都着眼于学生的终身发展。初中地理课程引导学生从地理的视角思考问题，关注自然与社会，使学生逐步形成人地协调与可持续发展的观念，为培养具有地理素养的公民打下基础。初中生命科学课程的目标和内容提出了全体学生通过努力都应达到的基本要求，同时也有较大的灵活性，可以适应不同学校的条件和不同学生的学习需求，实现因材施教，促进每个学生充分发展。

从课程观看，初中地理和生命科学都指向学生创新意识和实践能力的培养。初中地理课程充分重视校内外课程资源的开发利用，着力拓宽学习空间，倡导多样的地理学习方式，鼓励学生自主学习、合作交流、积极探究。初中生命科学课程倡导探究性学习。

从课程实用性看，两门课程存在相近之处，都强调提升学生的学科素养。

综上所述，初中地理和生命科学拥有较为一致的课程理念，因此两门课程可以在培养学生实践能力、采用探究性学习方式等方面进行融合。此外，在初中地生跨学科教学中，还应重视学生学科素养的培养。

（3）对课程目标的分析

课程目标即教育意图，涉及学生、教育和社会三者之间的关系。课程目标的落实，就是通过教育手段，促使学生更好地适应社会，并满足社会发展需求。我们通过相关性分析发现，初中地理和生命科学的课程目标呈现出一致性、相似性和差异性三种相关关系（见表 2－3）。

表 2－3　初中地理和生命科学在课程目标上的相关性工具量表

维度	初中地理	初中生命科学	相关性类型
总目标	掌握基础的地理知识	获得生物学基本事实、概念、原理和规律等方面的基础知识	①
	获得基本的地理技能和方法	初步具有生物学实验操作的基本技能、一定的科学探究和实践能力，养成科学思维的习惯	①

（续表）

<table>
<tr><th>维度</th><th>初中地理</th><th>初中生命科学</th><th>相关性类型</th></tr>
<tr><td rowspan="4">总目标</td><td rowspan="2">了解环境与发展问题</td><td>了解并关注生物学知识在生活、生产和社会发展中的应用</td><td>③</td></tr>
<tr><td>理解人与自然和谐发展的意义，提高环境保护意识</td><td>③</td></tr>
<tr><td>增强爱国主义情感</td><td rowspan="2">初步形成生物学基本观点、创新意识和科学态度，并为确立辩证唯物主义世界观奠定必要的基础</td><td rowspan="2">③</td></tr>
<tr><td>初步形成全球意识和可持续发展观念</td></tr>
<tr><td rowspan="2">知识目标</td><td>掌握地球与地图的基础知识</td><td>获得生物学基本事实、概念、原理和规律的基础知识</td><td>①</td></tr>
<tr><td>初步认识环境与人类活动的相互关系</td><td>知道生物科学和技术在生活、生产和社会发展中的应用及其可能产生的影响</td><td>②</td></tr>
<tr><td rowspan="4">技能目标</td><td>掌握地理学的基本技能</td><td>掌握生物学的基本技能</td><td>①</td></tr>
<tr><td>运用已获得的地理基本概念和地理基本原理，对地理事物和现象进行分析，作出判断</td><td>初步具有收集、鉴别和利用课内外的图文资料及其他信息的能力</td><td>②</td></tr>
<tr><td>具有创新意识和实践能力</td><td>在科学探究中发展合作能力、实践能力和创新能力</td><td>②</td></tr>
<tr><td>运用适当的方式方法，表达、交流地理学习的体会、想法和成果</td><td>初步学会运用所学的生物学知识分析和解决某些生活、生产或社会实际问题</td><td>①</td></tr>
<tr><td rowspan="3">素养目标</td><td>增强对地理事物和现象的好奇心，提高学习地理的兴趣以及对地理环境的审美情趣</td><td>乐于探索生命的奥秘，具有实事求是的科学态度、探索精神和创新意识</td><td>①</td></tr>
<tr><td>增强热爱家乡、热爱祖国的情感，初步形成全球意识</td><td>形成爱祖国、爱家乡的情感，增强振兴祖国和改变祖国面貌的使命感与责任感</td><td>②</td></tr>
<tr><td>初步形成可持续发展的观念，增强保护环境的意识</td><td>理解人与自然和谐发展的意义，提高环境保护意识</td><td>②</td></tr>
</table>

具体而言,两门课程的总目标在帮助学生理解人类社会与自然之间的关系方面呈现出一致性。这一特征表明,初中地生跨学科教学的核心目标应指向帮助学生全面且深刻地理解人与自然之间的关系。以目标为导向,在遴选教学内容时,人类社会与自然的相关话题无疑是最佳的切入点。两门课程的总目标在社会实践、观念与情感方面呈现出一致性。这一特征表明,初中地生跨学科教学设计需要注重学科知识与现实世界的联系。比如,教师通过设置各种真实问题情境,帮助学生深刻理解学科知识在生活、生产和社会发展中的应用,从而形成正确的世界观和社会心态。

初中地理和生命科学具有相互独立的学科逻辑和发展历史,从而构建起各自独特的知识体系。在学科知识和学科技能方面,两门课程的总目标存在显著差异。这种差异既为跨学科教学设计提供了丰富多样的主题和教学素材,也有助于学生从多学科视角对跨学科案例进行深入分析,并有效解决与之相关的各类问题。比如,初中地理课程有纬线的知识,初中生命科学课程有绿色植物的知识。虽然两门学科的知识看似毫无关系,但细细琢磨后就会发现其中的关联。在地球上,绿色植物的分布范围呈现出明显的地带性特征,而这种地带性分布在很大程度上受到自然条件的制约,具体表现为沿纬线方向呈现出规律性的分布态势。由此,我们可以围绕初中地理的纬线知识和初中生命科学的绿色植物知识,将其融合设计成跨学科主题案例。

从具体目标看,初中地理和生命科学都涵盖了知识目标、技能目标和素养目标。在知识目标、技能目标和素养目标上,两门课程呈现出差异性和相似性的相关关系。

(4) 对课程内容的分析

学校课程承载着社会对学生掌握和传承人类文化遗产的期望。课程内容既要包含学科的基础知识与基本技能,也要包含了解社会、接触社会、解决社会问题的基本技能。通过对初中地理和生命科学课程内容进行深入分析,我们发现,两门课程的内容结构均由三部分组成,即有关学科核心概念的内容、有关学科技术与方法的内容、有关社会问题的内容。在有关学科核心概念的内容和有关学科技术与方法的内容方面,因其所属学科的特点而存在差异;在有关社会问题的内容方面,两门课程呈现出相似性。这表明,初中地理和生命科学具有社会问题导向的特点。这一特点为两门课程的有机融合提供了契机。从表 2-4 可知,初中地理立足人类社会,从人类的视角看待社会与自然环境之间的关系;初中生命科学则立足自然,从生态系统的角度阐释人类与自然环境之间的关系。尽管两门课程选取的视角不同,但它们却可以在人类社会发展与自然环境之间的关系这一点上打通脉络并建立联系。这正是初中地生跨学科教学设计的起点。

表 2-4　初中地理和生命科学在课程内容上的相关性工具量表

维度	初中地理	初中生命科学	相关性类型
有关学科核心概念的内容	• 地理景观(世界地理) • 地图(世界地理) • 地球运动(世界地理) • 国家地理(世界地理) • 疆域与行政区划(中国地理) • 人口与民族(中国地理)	• 生物体的结构层次 • 生物与环境 • 生物圈中的绿色植物 • 生物圈中的人 • 动物的运动和行为 • 生物的生殖、发育与遗传 • 健康地生活	①
有关学科技术与方法的内容	• 遥感(地理信息技术) • 全球定位系统(地理信息技术) • 地理信息系统(地理信息技术)	• 科学探究 • 生物技术	①
有关社会问题的内容	• 全球资源与环境(世界地理) • 自然环境与生产生活(中国地理) • 经济发展与环境保护(中国地理) • 城市化与产业(乡土地理)	• 生物的多样性	②

问题7 跨学科教学的实施困境是什么?

上海中考新政(跨学科案例分析)的推出,给社会、学校、教师、学生带来了一定的冲击,主要表现为社会无主、学校无措、教师无奈、学生无感。

1. 社会无主

对社会而言,上海中考的跨学科案例分析题一经推出,犹如一个被递至师生手中的"盲盒",其中蕴含的奥秘令师生十分困惑。环顾四周,一时半会儿也找不到人能说清楚到底是怎么回事。初三毕业班的家长发出以下困惑:什么时候考试?跨学科案例的呈现形式是什么样的?难不难?谁能提供专业指导?我家孩子需要在这方面作哪些准备?我家孩子所在学校是否有完善的应对方案?这种情况的出现主要归因于以下三方面:一是跨学科案例分析题属于中考新题型,大家都不熟悉;二是社会各成员在跨学科学习方面积累的知识和过往经历比较匮乏,长期受到单科学习意识和习惯的影响;三是从顶层设计的视角看,中考新政刚出台时,上海在跨学科案例分析方面的顶层设计还不够完善,无法提供足够的信息。不过,上海中考新政的制定者也的确希望社会各界人士能各展其能,提出有价值的思考和切实可行的方案,通过汇聚各方智慧来完善制度。在初中地生跨学科案例分析完成"1.0版中考首秀"后,社会对其也有了一定的认知。尤其是那些已经迈过"家有考生"这道坎的初三毕业班的家长,似乎无须再过多关注这一话题了。然而,如果整个社会都持有这样的态度,必然会带来更多的隐患。

2. 学校无措

对学校而言,上海中考新增的跨学科案例分析题,无疑是对每一名初中校长治学与决策能力的严峻考验。如何有效实施跨学科案例教学,迅速成为初中校长之间议论的焦点话题。诸如跨学科案例教学怎么安排、这类课由谁来上、教学内容从哪里获取、谁能提供可靠的信息、学校的应对方案该怎么写、如何开展有效的专题研修、如何更好地回应家长等问题接踵而至。此外，如何在原有的学校教育生态中增添新成员，并达成新的生态平衡，这需要校长充分发挥智慧。校长的压力主要来自以下三方面。一是教育主管部门的压力。在信息尚不充足的情况下，学校则被要求制定应对方案。这一方案必须在系统性、可持续性、可操作性方面下足功夫。二是社会压力。社会和家长都期望学校，尤其是自己孩子就读的学校，能提供应对方案。然而，在方案不完备、信息不对称的情况下，学校不能贸然推出个性化方案。因为大多数学校希望自身能在“巨轮”上行走，而不是独自开一艘“快艇”前行。三是教师压力。学校在课时安排、课程设置、预期的教育效益等方面的规划，往往与教师的福利、发展机会、展示平台相关联。这意味着跨学科案例教学的推行，将会促使教师打破固有习惯。但目前这种突破性的教学安排，还没有成熟的借鉴方案。因此，学校在初始阶段往往处于焦虑和无措的状态。对那些师资力量薄弱的学校而言，科班出身的教师相当匮乏。如何配备能胜任跨学科案例教学的教师，成为这些学校极为头疼且深感无措的问题。虽然跨学科案例教学已经经过几轮考试的验证，但如果学校就此认为跨学科案例教学及其探索可以画上句号了，不再需要进行全面、系统的思考和设计，就会进入另一种无措的境地。

3. 教师无奈

跨学科案例分析题一经推出，首先受到冲击的是地理和生命科学学科的教研组组长及其组员们。他们面临诸多亟待解决的问题：如何安排教师跟进培训？如何完成校长下达的设计相关应对方案的任务？如何开展跨学科研修活动？跨学科案例的具体内容从哪里获取？要以何种形式呈现跨学科案例？是否存在可以借鉴的方案和案例？如何实施跨学科案例教学？如何收集与设计跨学科案例？如何与其他学科教师联手？什么时候展开行动最合适？……他们面对一系列具体问题时是无奈的。造成这种无奈的现实原因是教师在这方面缺乏相应的经验。

对教师个体来说，他们将面临以下挑战：

一是学科本体知识储备方面的挑战。彼时，上海初中地理学科的学习被安排在预备班和初一年级，而初中生命科学学科的学习被安排在初二和初三年级。此外，这两门学科的部分知识也被纳入科学课程。从中考要求看，这对两科教师的本体知识储备都构成了挑战，其中地理教师面临的挑战更为严峻。广大地理教师长期在预备班和初一年级开展教学工作，积累了丰富的教学经验和学科素养。虽然地生跨学科案例分析题的分值不高，但却对地理学科知识的难度和广度提出了更高的要求。同时，政策中明确规定，跨学科案例内容是建立在两门学科的课程标准和基本要求的基础上的。

二是"友邻"学科知识储备方面的挑战。地理教师缺少生命科学知识储备，生命科学教师缺少地理知识储备，这是地生跨学科教学的硬伤。在选用现实世界里的跨学科案例进行教学时，必然会涉及地理和生命科学学科知识的综合运用。如果各学科教师只掌握跨学科案例中与自己学科相关的知识，或者不熟悉对方学科的语境，那么能否有效开展跨学科教学就会被大家质疑。教师最初的无奈是担心自己一不小心踏进别人家的"菜园"，生怕踩坏了不熟悉的"蔬菜"，或者因不认识"地里的蔬菜"而闹出笑话。

此外，上海一些偏远的初中学校，还存在缺少科班出身的地理教师的情况。以往，由其他学科教师兼任地理教学工作，勉强也能应付过去。可如今面对跨学科案例教学的新要求，他们就很难胜任了。毕竟，他们的地理学科本体知识相当匮乏。另外一种情况也不能忽视，一些初中地理教师教龄较长且年龄偏大，他们要想在这个阶段完成跟上节奏的转型，难度极大，所面临的挑战不言而喻。

三是地理和生命科学教师共研生态中重新进行自我定位方面的挑战。两科教师如何准确地认识自己，如何学会与"友邻"学科教师打交道，成为他们必须跨越的一道坎。在多数情况下，地理和生命科学学科的研修活动几乎没有交集。然而，跨学科案例教学空降后，诸如选择什么样的教学内容、将其整合成什么样的案例、如何实施跨学科教学等问题，需要两科教师共同展开研究。这种研修活动不仅具有跨学科性，还体现出双方教师学科知识的平行性、跨学科案例知识的融合性、跨学科案例教学的同步性等特性。在跨学科案例教学的实施过程中，究竟是在共同研究的基础上，由单科教师针对一个案例轮流授课（两科教师各自讲本学科知识)，还是采取两科教师共同执教与指导的方式，抑或是单科教师一个案例接着一个案例地轮换讲解，这些问题都需要统筹协调。如果一所学校的地理和生命科学教师在业务能力、专业素养等方面存在较大落差，以及两门学科中没有能力和素养都比较高的教师进行引领，就会影响跨学科教学的有效推进和后续的及时改进。

4. 学生无感

近年来，学生在这场跨学科教学变革中的表现最为淡定。这主要归因于以下两方面：其一，学生手头堆积着各种繁重的学习任务，学业负担似乎已经达到了饱和状态，因此没有过多的闲暇时间去深入思考跨学科案例分析这一新的考试题型；其二，在整个信息传播的链条中，学生处于最为边缘的位置，基本不了解跨学科案例分析的相关信息。对此，学生最初的状态是不理它，整体处于一种待机状态。他们最初接收到的有关跨学科案例分析的信息不仅杂乱无章，还充满不确定性。当学校、教师等忙于召开各种研讨会，并商议跨学科教学的对策时，处于混沌状态的学生有这样的共识：等到学校和教师彻底弄清楚跨学科案例是怎么回事后，自然会告诉我们要如何应对，并对我们进行有效的引导、辅导和指导。此时，如果针对学生开展关于跨学科案例学习的了解和接受程度等方面的问卷调查，调查结果大概率会呈现出比较满意的态势，并且与预期的调查目标高度契合。然而，广大学生对跨学科案例学习缺乏深入了解，因此学生个体实则并没有个性化的看法和认识，大都只是随大流而已。

这里所说的学生无感不是指他们一点感觉都没有。实际上，但凡听到一些关于跨学科案例分析的谈论，他们都会有所思考。这种无感是相对而言的，更多地体现在他们的感知和感悟未被充分激发。在后续的跨学科案例学习期间，学生依然是无感的群体。不过，这一阶段的无感与之前的相比已有所变化。但这种与其他群体相比的无感落差仍然较为显著，甚至有进一步扩大的趋势。如何让学生有感，则需要学校和教师充分发挥智慧，并积极采取有效的应对措施。我们始终坚信，营造一个有利于跨学科学习的良好生态环境，并精心做好顶层设计工作至关重要。

第三章

如何备课

——以上海地生跨学科教学为例

问题8　上海中考新政对跨学科教学有哪些启示?

当下,考试依然在很大程度上发挥着指挥棒的作用。上海中考新政将跨学科案例分析纳入考试范畴,这会促使社会、学校、学生、家长采取一系列应对措施。对学校来说,更是面临着全新的挑战和机遇。

1. 用政策指引跨学科教学的实践探索

要想深入探究上海市初中地生跨学科教学的顶层设计理念,就要着重熟悉《上海市初中地理、生命科学跨学科案例分析终结性评价指南》(以下简称《指南》)和《初中地理和生命科学学科中开展跨学科学习的教学指导意见(试行稿)》(以下简称《指导意见》)两个文件。尽管这两个文件的篇幅不长,但其中蕴含的信息却不少。通过比较分析的方式审视这两个文件的框架结构、顶层设计、培养要求等方面,会助力教师更为清晰地把握跨学科教学的相关政策,从而了解它们的相同点和不同点(见表3-1)。

表3-1　《指南》和《指导意见》的比较分析

文件名称	上海市初中地理、生命科学跨学科案例分析终结性评价指南	初中地理和生命科学学科中开展跨学科学习的教学指导意见(试行稿)
出台时间	2019年	2020年
框架结构	一、评价的性质、目的和对象 二、评价标准 三、试卷结构及相关说明 四、题型示例	一、总体要求 二、实施意见 三、保障措施

（续表）

顶层设计	上海市初中学业水平考试是义务教育阶段的终结性评价。它的指导思想是全面贯彻党的教育方针，落实立德树人根本任务，有利于促进课程教学改革，有利于促进素质教育的全面实施，有利于促进学生全面而有个性的健康发展，培养德智体美劳全面发展的社会主义建设者和接班人	全面贯彻党的教育方针，培育和践行社会主义核心价值观，落实立德树人根本任务，培养德智体美劳全面发展的社会主义建设者和接班人。推进初中学校实施素质教育，促进初中教育教学改革
培养要求	作为一个合格的初中毕业生，在学习了地理和生命科学核心概念，经历过实践体验和科学探究之后，面对各种自然现象、社会现象时，应该具有跨学科分析问题的思维习惯，有参与并解决简单的真实问题的能力	培养学生跨学科的学习意识和分析能力，促进学生全面而有个性的发展
政策指向	上海市初中学业水平考试	跨学科学习
政策侧重点	跨学科案例分析终结性评价	开展跨学科学习的教学指导
能力要求	• 信息提取与处理能力：在自然和社会现象与地理、生命科学原理之间建立联系 • 问题分析与质疑能力：综合运用地理与生命科学原理，分析各类自然和社会现象，发现其中存在的矛盾与问题，运用数据与证据得出推断或结论 • 结论阐释与创新能力：对各类自然和社会现象中的矛盾与问题提出解决方案，或将经分析得到的结论在新的问题中加以阐释、应用	运用初中学生已掌握的地理和生命科学等学科的基础知识、关键能力，对生产生活情境中的实际问题加以分析，以不同的学科视角审视问题，提高学生综合分析问题、解决问题的能力
问题解决	为什么考、考什么、怎么考	为谁培养人、培养什么样的人、怎样培养人

虽然《指南》和《指导意见》各有侧重，但它们的顶层设计都强调落实立德树人

人根本任务,促进学生全面而有个性的发展,培养德智体美劳全面发展的社会主义建设者和接班人。在能力要求方面,《指南》要求学生综合运用地理与生命科学原理,分析各类自然和社会现象,发现其中存在的矛盾与问题,并提出解决方案;《指导意见》要求学生运用地理和生命科学等学科的基础知识、关键能力,分析生产生活情境中的实际问题,并解决问题。尽管二者的文字表述略有差异,但本质上都指向了对真实问题的解决。《指南》致力于解决为什么考、考什么、怎么考的问题,主要针对上海市初中学业水平考试;《指导意见》致力于解决为谁培养人、培养什么样的人、怎样培养人的问题,主要针对跨学科学习。这与当下探索育人方式转变目标相辅相成。

2. 从初三年级起步,向全学段、全学科拓展跨学科教学

将跨学科案例分析纳入中考范畴,并非意指仅在初三年级开展跨学科案例教学,而是要在初中全学段加强跨学科教学引导,构建起从预备班到初三年级的系统架构。从起始年级开始,便致力于培育学生的跨学科思维意识,逐步提升其跨学科素养。这一过程涵盖课堂内外,既包括物理空间上的基地建设,也涉及制度机制的完善;既有课程资源的精心开发,也有师资队伍的专业培养;既注重跨学科教研活动的开展,也强调学科之间的协同合作和项目推进。2011 年版课程标准的颁布,在初中新教材的编制方面对跨学科教学提出了明确要求。由此可见,未来将会在新的单科教材中增加跨学科案例。这些案例既是对前期跨学科案例教学实践经验的总结提炼,也将成为未来跨学科案例教学再次启航的新起点。因此,地生跨学科案例教学只是初中跨学科教学的开篇之作,后续还有广阔的空间等待我们去探索。

3. 中考新政是对以往初中学科教学的反思

之所以推出中考新政,考查之前没有的跨学科案例分析题,是因为广大师生的跨学科意识整体比较薄弱。上海高考曾普遍采用“3+1+X”模式,其中综合考试以“X”的形式呈现,考查内容涉及多学科知识的综合运用。然而,这一高考政策在实施一段时间后,并没有按原计划增加“X”的分数,反而取消了这一考试

形式，最终又改回“3＋1”模式。目前，举国上下推进各行业的创新创举。无论是项目实施或工程建设，还是对现实问题的调查、分析和解决，都需要人们进行整体、系统的思考，避免因认知盲区而导致政策规划和设计的缺陷，从而减少规划实施中的认知障碍。随着时代的发展，公民原有的跨学科意识和素养已无法满足当前社会发展的多元需求。因此，新政的出台往往是对已有政策的调整，以适应时代诉求。2011 年版课程标准倡导在情境中学习，尤其是真实情境中的学习，着力提升学生的跨学科意识和素养，也是基于时代诉求的思考。当下，在推进跨学科教学的过程中，广大学校还需要基于自身的实际情况，思考如何把握跨学科教学的“度”。

问题 9　《指南》中提供的案例有何“密码”？

2019 年以来，一个关于青藏高原的跨学科案例成为全体初中地理和生命科学教师研究的对象。在研究过程中，他们都试图找到跨学科案例的“真身”。这个跨学科案例是这样的：

热爱集邮和旅游的小明无意中得到了一枚纪念青藏铁路通车的纪念邮票。他仔细欣赏了邮票，看到这枚邮票上有皑皑的雪山，有奔驰的列车，有大片的草原，还有“高原之舟”牦牛。这枚邮票让他联系到在地理课上学到的关于青藏高原农牧业的知识：牦牛是青藏高原主要的牲畜品种，青稞是主要粮食作物。好奇的他查阅了一些资料，得知牦牛体形紧凑，颈短耳小，皮厚，汗腺极不发达，体毛密而长，可御寒防湿；牦牛的红细胞大，血红蛋白含量高，呼吸、脉搏快。同时他还知道了在青藏高原上分布着藏羚羊等珍稀野生动物。

为更进一步了解青藏高原，小明查到了一张标记有年降水量、铁路、城镇、河流的青藏高原部分地理事物分布图。根据网络上一篇文章中的信息，小明在这张图上标注出了青藏高原最适合种植青稞的农业区。

——摘自《指南》

1. 跨学科案例分析题的结构组成

这是上海市教育委员会为全体初中地理和生命科学教师提供的一个关于青藏高原的跨学科案例分析题示例。它由文字、图像等元素构成,通过情境引出问题。从题目类型看,这个跨学科案例分析题共设置了 6 道小题,其中有 2 道选择题、1 道填空题、3 道简述题。由此可知,《指南》中提及的排序题、配对题、填表题、制图题并未出现。从试题分值看,《指南》明确提出:"测量信息提取与处理、问题分析与质疑、结论阐释与创新三类能力目标的试题分值分别约为 4 分、7 分、4 分。"在关于青藏高原的跨学科案例分析题中,测量信息提取与处理能力的试题是第 1 题和第 4 题,共 2 题,分值为 4 分;测量问题分析与质疑能力的试题是第 2 题、第 3 题和第 5 题,共 3 题,分值为 7 分;测量结论阐释与创新能力的试题是第 6 题,共 1 题,分值为 4 分。从表达形式看,关于青藏高原的跨学科案例分析题采用的是图文结合的表达形式。因为地理学习中最重要的技能之一就是学会阅读地图,并提取有效信息。从考查内容看,在关于青藏高原的跨学科案例分析题中,第 1 题主要考查学生的读图能力,即参考例图,判断铁路进藏的大致方向;第 2 题考查的是纬度位置、地形因素对气候的影响,属于地理范畴的考题;第 3 题考查的是生物体的结构与功能相适应,属于生命科学范畴的考题;第 4 题考查的是降水量分布变化的特点,属于地理范畴的考题;第 5 题是读图分析型综合题,需要学生综合运用生命科学学科中关于影响光合作用的因素以及地理学科中关于地形、纬度等因素对气候的影响进行解答;第 6 题是开放题,主要考查学生能否综合运用所学地理和生命科学知识,并在实际问题情境中提出创造性的解决策略。

从问题创设的情境看,关于青藏高原的跨学科案例分析题基于一枚纪念青藏铁路通车的邮票,给出了诸多与地理和生命科学知识相关的信息。此外,其所创设的针对性问题,需要学生综合运用地理和生命科学知识,从材料中选取有用信息,并灵活调取所需知识进行解答。通过具体分析所给例题可知,题干中的"得知牦牛体形紧凑,颈短耳小,皮厚,汗腺极不发达,体毛密而长,可御寒防湿;牦牛的红细胞大,血红蛋白含量高,呼吸、脉搏快"等信息与生命科学知识相关,其中第 3 题、第 5 题(综合光合作用的知识)和第 6 题(综合生态学的知识)都需要学生运用生命科学知识进行解答;题干中的"小明查到了一张标记有年降水量、铁路、城镇、河流的青藏高原部分地理事物分布图"和所提供地图等与地理知识相关,其中第 1 题、第 2 题、第 4 题、第 5 题和第 6 题都需要学生运用地理知识进行解答。

2. 跨学科案例分析题中问题解决能力的培养要求

关于青藏高原的跨学科案例分析题是一道集地理和生命科学知识于一体的综合性极强的例题。这一例题构建了一个真实的情境案例,涵盖自然和社会现象,重点考查地理学科的核心概念"自然环境""人地关系"和生命科学学科的核心概念"生物适应""作物生长",以及学生的读图能力、数据分析能力、逻辑推理能力。结合《指南》中提出的能力要求可知,例题对信息提取与处理能力、问题分析与质疑能力、结论阐释与创新能力都以多样化的形式进行了全方位的考查,有力地推动了学生综合素养的提升。

3. 跨学科案例中关于"跨"的形态特质

关于青藏高原的跨学科案例分析题也较好地考查了学生的跨学科思维。比如:试题涉及地理和生命科学学科的"物理之跨"(即两门学科的机械性结合),如第 1 题、第 2 题和第 4 题侧重于考查地理知识和地理能力,第 3 题侧重于考查生命科学知识;同时也探索了两门学科的"化学之跨"(即两门学科知识的有机融合),淡化了学科知识的边界,以及如何融合学科知识分析和解决问题。其中,地理和生命科学学科的"化学之跨"在第 5 题和第 6 题的问题创设和参考答案中得以充分体现。第 5 题:小明在地图上所标注的最适合种植青稞的农业区是否合理,为什么? 参考答案:不合理。作为植物,青稞进行正常光合作用的必要条件是要有一定的光照和水分。从图中可知,相较于青藏高原南部,小明所标注的区域降水少,纬度更高,气温更低,河流较少。从植物光合作用的必要条件来说,均不属于最合适的种植区域。第 6 题:青藏铁路通车后,游客纷至沓来,但该地区的生态环境非常脆弱。如果你去旅游,如何做一个具有生态文明意识的旅游者?

结合材料中的信息，提出2条具体的建议。参考答案：不在野生动物栖息地过多活动，减少对野生动物的影响；不向草原、湖泊中扔生活垃圾，减少对草原和湖泊的污染。虽然第5题和第6题都属于简单的现实问题，但需要学生综合运用地理和生命科学学科知识以及跨学科思维来分析和解决问题。

我们有理由相信，这个例题是经过精心研制的。因此，在研制地生跨学科案例时，不必时刻想着融合，因为有些问题设置的目标指向是跨学科思维，有些问题设置的目标指向是不必急于进行跨学科。如果急于进行跨学科，就可能会削弱学科本身的价值，也不利于情境问题的有效解决，还会使教师在情境案例的编制和教学的过程中产生畏难情绪。实际上，跨学科教学的推进也需要遵循循序渐进的原则。当前，将“物理之跨”与“化学之跨”进行有机结合并展开教学，是跨学科教学实施的优选策略。此外，高质量的“化学之跨”始终是跨学科教学不懈追求的目标。

4. 立德树人是跨学科案例编制的出发点

关于青藏高原的跨学科案例分析题呈现的“密码”并非仅仅局限于上述这些方面。当跳出学科知识的框架来看待跨学科教学时，我们就会发现“纪念青藏铁路通车”这个情境，与《指南》和《指导意见》倡导的“落实立德树人根本任务”“促进学生全面而有个性的发展”“培养德智体美劳全面发展的社会主义建设者和接班人”相呼应。社会责任感和价值观的培育，绝非依靠空洞的口号，而是需要润物细无声的浸润式教育。这一例题不仅展现了青藏高原的壮观和独特，还对国家致力于让生活在这片土地上的人们过上更加美好的生活所作的努力表达了深深的敬意。因此，通过跨学科案例分析的形式，促使主题内容相较于以往的单一学科认知更真实、更全面。

对于跨学科案例，我们秉持这样的观点：既不能用最初的例题来严格地要求未来的例题，也不能用未来的例题来简单地衡量最初的例题。我们有理由相信，万事皆有其发展演变的过程，螺旋式上升是普遍的规律。案例编制如此，跨学科教学亦不例外。

问题 10　初中师生最初对跨学科教学持有怎样的态度?

本次问卷调查和访谈的对象主要是上海市虹口区、杨浦区、普陀区、宝山区等 6 个区以及安徽省合肥市 2 所学校的部分教师和学生。本次调查主要采取线上问卷调查和访谈的形式,并依托问卷星平台进行问卷设计和发放。整个调查过程从 2020 年 10 月 23 日持续至 2020 年 12 月 26 日,其间共收到学生问卷 508 份,其中有效问卷 502 份,问卷有效率达 99%。并且,我们还对 20 名教师进行了面对面访谈或电话访谈。

1. 访谈提纲和调查问卷的设计

(1) 教师访谈提纲

教师访谈提纲主要分为两部分:第一部分是个人基本资料,主要包括教师的性别、教龄、所在学校类型、职称、最高学历、所教学科;第二部分是访谈问题,主要包括"您对跨学科的了解程度如何"等问题。

(2) 学生调查问卷

学生调查问卷主要分为两部分:第一部分是基本信息,主要包括性别和年级;第二部分是问卷题目,从对跨学科的认知、对地生跨学科的认识、对学校开展跨学科教学的看法三个维度设计了 12 个问题。具体问题与三个维度的匹配关系见表 3 - 2。

表 3 - 2　学生调查问卷的维度及其对应的问题

对跨学科的认知	1. 我在学习上会有偏科现象 7. 我能综合运用所学地理或生命科学知识解决其他学科的问题

（续表）

对地生跨学科的认识	2. 我认为,地理学得好,对学习其他学科有帮助 3. 如果老师不讲,我不会主动去了解《地理》或《生命科学》教材中提到的人物和科学发展史 4. 我知道,很多谚语、俗语、诗句都描述了地理现象或生命科学现象 8. 在日常生活中,我会关注与环境保护和自然资源相关的新闻 9. 我很敬佩《地理》和《生命科学》教材中提到的科学家,因为他们的质疑精神和持之以恒的态度值得我们学习 10. 在学习新疆水果特别甜时,我会想到光合作用的影响
对学校开展跨学科教学的看法	5. 我的地理或生命科学老师经常会在课堂上讲解其他学科知识 6. 我认为,当老师运用生命科学知识讲解地理知识时,我会更容易理解 11. 学校曾经开展过具有跨学科特征的综合实践活动 12. 学校曾经开设过将地理和生命科学学科紧密联系的拓展型课程和研究型课程

2. 调查结果的统计分析(部分)

(1) 关于教师的调查结果分析

通过访谈的形式,本研究针对部分初中地理和生命科学教师对跨学科教学的认识情况,访谈了 12 名地理教师和 8 名生命科学教师。从访谈结果可知,很多教师认为,地理与生命科学之间不但有紧密联系,而且它们与其他学科之间同样有较多的联系,因此有必要开展跨学科教学。然而,也有教师反馈,因为没有系统性地研究过跨学科教学,所以在实施跨学科教学时,缺乏具体可操作的方法和途径,最终导致收效甚微。

以下是不同教师对相关问题的看法:

问题 1 和问题 2:您对跨学科的了解程度如何? 您认为有必要开展跨学科教学吗?

教师的看法:地理和生命科学教师对跨学科有所了解,特别是中考设置了跨学科案例分析题之后,两门学科的教师对跨学科相关内容的了解程度有了显著提升。教师普遍认为,地理和生命科学同属于自然科学范畴,其知识和内容不是相对独立的,而是需要借助其他学科知识加以支撑。其中,地理学科与其他学科的交叉点尤为丰富。基于此,教师普遍认为,非常有必要开展跨学科教学。

问题3和问题4:您认为地理或生命科学学科与哪些学科关系密切?当您在教学中遇到所教学科知识涉及其他学科知识,尤其是学生尚未学习过这一知识时,您是怎么处理的?

教师的看法:地理教师普遍认为,地理与生命科学和历史学科的交叉点较多。比如,环境问题是地理与生命科学学科的交叉融合,时间和空间的叠加是地理与历史学科的交叉融合。生命科学教师普遍认为,地理与生命科学学科的交叉最为密切,其中与理科是知识点上的交叉,与文科是文字处理、术语应用上的交叉。

当教师在教学过程中遇到地理和生命科学知识与其他学科知识相关联的情况时,他们会根据自身对知识的了解程度,先行向学生传授知识。当遇到超出自身知识储备范畴的内容时,他们会通过查阅文献或向其他教师请教的形式进行跨学科教学。由此可见,教师对跨学科教学持有较高的认同度。虽然教师普遍认为地理与生命科学学科的交叉最为密切,但对上海的初中生来说,他们在学习地理课程时还没有学习过生命科学课程。这就导致在地理教学过程中,最难处理的就是与生命科学的跨学科教学。与之相反,生命科学教师可以利用地理知识开展跨学科教学。

通过访谈了解到,教师认为,可以利用通俗的语言或自己学科的方法,以生动形象的类比方式,将复杂的跨学科知识深入浅出地呈现给学生。

(2)关于学生的调查结果分析

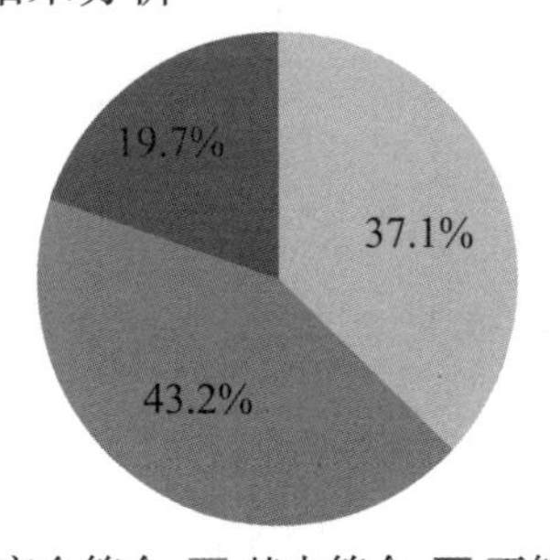

图3-1 “我在学习上会有偏科现象”问卷结果

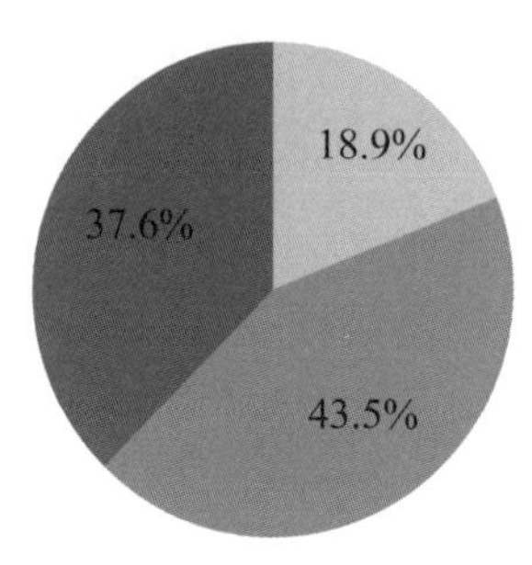

图 3－2 “我能综合运用所学地理或生命科学知识解决其他学科的问题”问卷结果

从以上调查结果可以看出,学生普遍存在偏科现象。这一现象实则不利于培养学生的综合能力。大多数学生认为,不同学科之间的知识是互通的,因此学好一门学科,则会有助于其他学科的学习。此外,虽然大部分学生认为跨学科教学对自己的学习有一定的帮助,但仍有 37.6%的学生不能综合运用所学地理或生命科学知识解决其他学科的问题。这充分反映出学生在学科交叉应用方面的能力亟待加强,其综合能力也有待进一步提升。

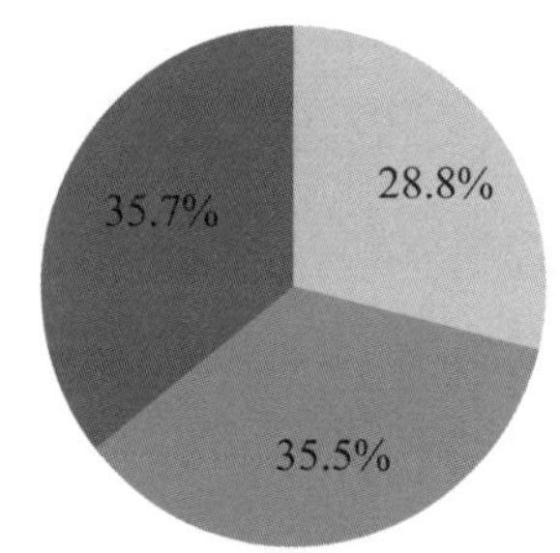

图 3－3 “我认为,地理学得好,对学习其他学科有帮助”问卷结果

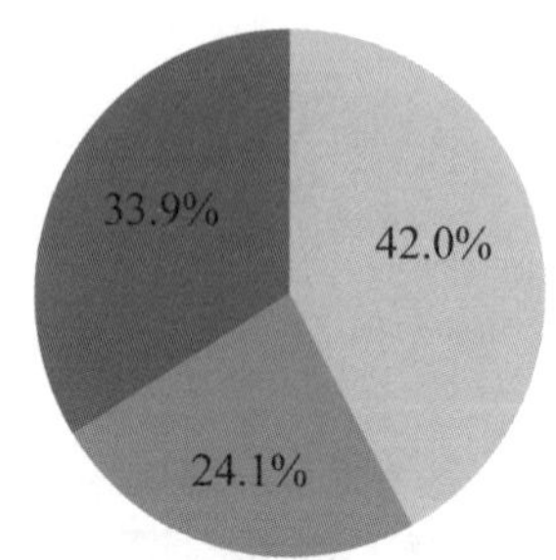

图 3－4 “如果老师不讲,我不会主动去了解《地理》或《生命科学》教材中提到的人物和科学发展史”问卷结果

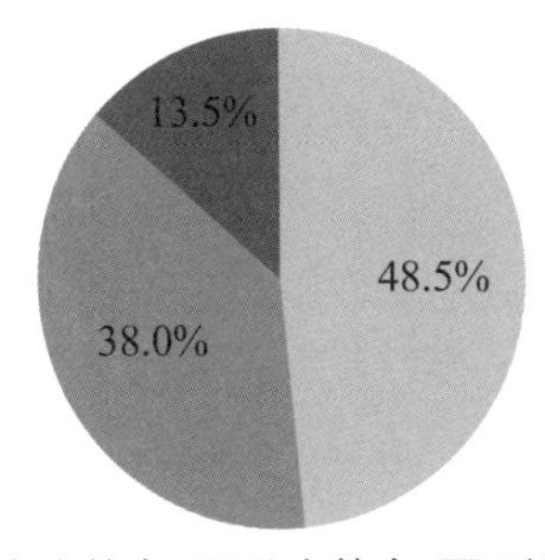

图 3-5　“我知道，很多谚语、俗语、诗句都描述了地理现象或生命科学现象”问卷结果

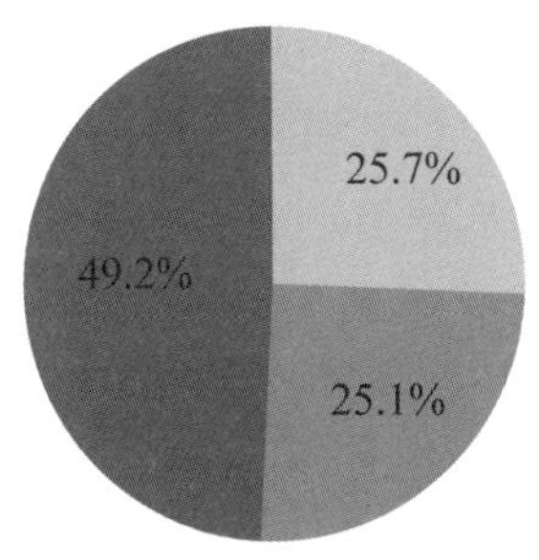

图 3-6　“在日常生活中，我会关注与环境保护和自然资源相关的新闻”问卷结果

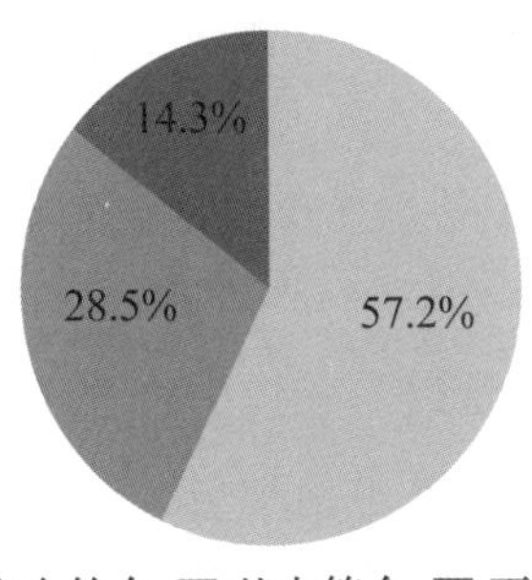

图 3-7　“我很敬佩《地理》和《生命科学》教材中提到的科学家，因为他们的质疑精神和持之以恒的态度值得我们学习”问卷结果

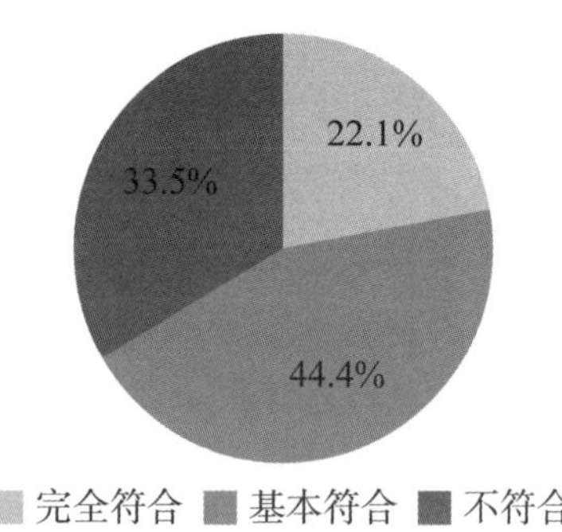

图 3-8 "在学习新疆水果特别甜时,我会想到光合作用的影响"问卷结果

从以上调查结果可以看出,绝大部分学生完全认同地理与生命科学学科之间的交叉融合作用,并且已经具备一定的跨学科意识。比如,他们会关注谚语、俗语、诗句中的地理现象或生命科学现象,也会关注教材中提到的人物和科学发展史。但是,依然有许多学生不能很好地运用英语、数学、物理、道德与法治等学科知识解答生命科学现象。比如,可以用英语来表述一些生命科学中的物种,但很少有学生会关注到这点。通过学生访谈发现,在众多学科中,地理与生命科学学科之间的交叉是学生掌握程度最为薄弱的部分。比如,有 33.5%的学生无法运用生命科学知识解答地理现象,如利用光合作用原理解释新疆水果甜度较高这一现象时,许多学生表现出力不从心。这可能与六年级和七年级学生尚未开启生命科学学科的学习之旅有一定的关系。因此,如何在学生尚未接触生命科学学科知识的起始阶段,巧妙且有效地开展生命科学学科的交叉教学,是值得教师深思的关键问题。

以上调查分析结果与初中各校存在的普遍情况和现实情形基本一致。总而言之,初中师生对跨学科教学和学习是有期待的,但从实际情况看,师生所具备的地生跨学科思维和意识相对薄弱,相应的跨学科能力也亟待提升。相较于地理与生命科学跨学科,师生更为熟悉地理与历史跨学科且使用频率更高。这背后的原因,一方面在于缺乏明确的政策引导,导致不同学科的教师在日常教学中缺乏充分沟通与交流;另一方面,从课程设置看,初中地理和生命科学学科在学段安排上是错开的。当六年级和七年级学生专注于地理课程学习时,生命科学课程尚未开课。这就直接导致学生无法综合运用尚未学习的生命科学学科知识和地理学科知识分析和解决一些现实问题。

第四章

地生跨学科教学带来的挑战

问题 11　地生跨学科教学具体包括哪些内容?

跨学科教学既离不开知识的传承与积累,也不能脱离学校教育教学。教材作为知识的重要载体,不仅是课程标准的具象呈现,还是教师教学和学生学习的直接依据。在《指南》中,跨学科案例分析题所考查的内容以《上海市中学地理课程标准(试行稿)》《上海市中学生命科学课程标准(试行稿)》为依据,其具体内容和学习水平要求与课程标准保持高度一致。《指南》为地理和生命科学学科的关键主题提供了指引,其中地理学科涵盖地理景观、地图的基础知识、地球的运动、陆地与海洋、天气与气候等 9 个主题,生命科学学科涵盖人体的结构层次、人体的内环境、人体生命活动的调节、人体性状的遗传与变异等 14 个主题。在此背景下,一线教师迫切想知道地生跨学科教学具体包括哪些内容;同时,学校、家长、学生也想知道跨学科案例分析题到底考什么。

基于上海中考新政以及师生对跨学科教学的需求,我们选取了上海教育出版社出版的初中《地理》和《生命科学》教材,并对教材内容和核心知识点进行梳理,旨在为实现更有效的跨学科教学提供指南。

1. 地理学科内容的梳理

初中《地理》教材仅供六年级和七年级师生使用,每个年级均有 2 本教材。从整体架构看,教材内容可划分为世界地理和中国地理两大板块。其中,世界地理涵盖了地理景观、地图、国家、地球、陆地与海洋、天气与气候、人口与资源七方面内容,中国地理涵盖了疆域与人口、自然环境、经济发展与环境保护、区域特征与区域发展、上海市乡土地理五方面内容。无论是世界地理还是中国地理,都全面涵盖了自然地理和人文地理的多元范畴。初中《地理》教材的主要内容和核心知识点见表 4 - 1。

表 4－1　初中《地理》教材的主要内容和核心知识点

知识分类	主要内容	核心知识点
1. 世界地理	1.1 地理景观	1.1.1 地理景观的多样性：自然景观、人文景观、地区差异与发展变化
	1.2 地图	1.2.1 比例尺、图例、地形图、经纬网
	1.3 国家	1.3.1 领土、主权与国界
		1.3.2 国旗与主要国家
	1.4 地球	1.4.1 地球的结构
		1.4.2 地球自转与昼夜交替
		1.4.3 地球公转与四季和五带
	1.5 陆地与海洋	1.5.1 全球海陆分布：七大洲、四大洋、边缘海、内陆海、海峡、海湾
		1.5.2 陆地：地形、山脉、板块运动
		1.5.3 河流与湖泊
		1.5.4 海洋资源
	1.6 天气与气候	1.6.1 气候的两大要素：气温和降水
		1.6.2 天气符号
		1.6.3 世界气候类型
	1.7 人口与资源	1.7.1 世界主要人口大国：中国、印度、美国、印度尼西亚、巴西等
		1.7.2 世界四大人口稠密区：亚洲东部和南部、欧洲和北美洲东部
		1.7.3 世界三大人种：黄种人、白种人、黑种人
		1.7.4 人口问题：人口密度、人口自然增长率、人口老龄化、人口增长过快
		1.7.5 自然资源类型与分布特点
		1.7.6 人口与自然资源的关系

（续表）

知识分类	主要内容	核心知识点
2. 中国地理	2.1 疆域与人口	2.1.1 领土及其四至点
		2.1.2 省级行政单位:23个省、5个自治区、4个直辖市、2个特别行政区
		2.1.3 人口分布特点
		2.1.4 民族的种类及其分布特点
	2.2 自然环境	2.2.1 地形与地势
		2.2.2 气候:复杂多样,季风气候显著
		2.2.3 气温:地区差异、季节差异、温度带划分
		2.2.4 降水:地区差异、季节差异、年际差异、干湿地区划分
		2.2.5 河湖及其功能:长江、黄河、内流河、外流河、淡水湖、咸水湖
	2.3 经济发展与环境保护	2.3.1 我国主要农业区和农业部门
		2.3.2 我国主要工业基地和工业部门
		2.3.3 交通运输方式与国内外贸易
		2.3.4 环境问题与环境保护:城市环境污染、农牧区的环境问题
	2.4 区域特征与区域发展	2.4.1 我国省级行政区:北京市、新疆维吾尔自治区、台湾省、香港特别行政区、澳门特别行政区
		2.4.2 我国地区概要与案例:黄土高原地区、沪宁杭地区、珠江三角洲地区、青藏高原地区、西双版纳傣族自治州
	2.5 上海市乡土地理	2.5.1 人口与面积
		2.5.2 地理位置与行政区划
		2.5.3 自然与社会发展

2. 生命科学学科内容的梳理

初中《生命科学》教材分为两册:第一册由人体生命活动的基本条件、人体生命活动的调节、健康与疾病三章构成;第二册由生物的类群、生态系统、城市生态三章构成。从整体架构看，教材内容可划分为有关人体的知识、有关生物主要群落的知识、有关生态系统的知识三个维度。其中，有关人体的知识涵盖了人体的结构层次、人体的内环境、人体生命活动的调节、人体性状的遗传和变异、健康与保健、常见病及其预防、医药常识与医疗技术七方面内容，有关生物主要群落的知识涵盖了植物、动物、微生物、生物的分类四方面内容，有关生态系统的知识涵盖了生物与环境、生态系统的稳定性、城市生态与城市环境保护三方面内容。初中《生命科学》教材的主要内容和核心知识点见表 4 - 2。

表 4 - 2　初中《生命科学》教材的主要内容和核心知识点

知识分类	主要内容	核心知识点
1. 有关人体的知识	1.1 人体的结构层次	1.1.1 人体的四种基本组织：上皮组织、结缔组织、肌组织、神经组织
		1.1.2 人体的八大系统：运动系统、神经系统、内分泌系统、循环系统、呼吸系统、消化系统、泌尿系统、生殖系统
		1.1.3 人体的整体性
		1.1.4 显微镜的使用方法
	1.2 人体的内环境	1.2.1 内环境及其组成：血浆和组织液
		1.2.2 血液及其组成：血浆和血细胞
		1.2.3 维持内环境稳定及其意义
	1.3 人体生命活动的调节	1.3.1 神经系统的组成：中枢神经系统和周围神经系统
		1.3.2 神经调节的基本方式：反射
		1.3.3 非条件反射：膝跳反射、缩手反射、眨眼反射、吸吮反射、排尿反射等
		1.3.4 人体的主要激素及其作用：甲状腺激素、生长激素、肾上腺素、胰岛素、胰高血糖素
	1.4 人体性状的遗传和变异	1.4.1 人体性状和遗传现象
		1.4.2 人体的性别决定：一对性染色体，其中女性为 XX，男性为 XY
		1.4.3 染色体和基因
		1.4.4 生物的变异

（续表）

知识分类	主要内容	核心知识点
1. 有关人体的知识	1.5 健康与保健	1.5.1 健康的概念及其影响因素
		1.5.2 青春期健康与制订健康计划
	1.6 常见病及其预防	1.6.1 青少年常见病、常见传染病的危害及其预防
		1.6.2 人体的免疫功能:非特异性免疫和特异性免疫
	1.7 医药常识与医疗技术	1.7.1 安全用药常识与配置家庭药箱
		1.7.2 意外伤害与急救措施
2. 有关生物主要群落的知识	2.1 植物	2.1.1 叶片的结构:表皮、叶肉、叶脉
		2.1.2 花的结构:花柄、花托、花萼、花冠、雄蕊、雌蕊
		2.1.3 果实的结构:果皮、种子
		2.1.4 植物的主要类群及其与人类的关系:藻类植物、苔藓植物、蕨类植物、种子植物
	2.2 动物	2.2.1 脊椎动物的主要类群及其与人类的关系:鱼类、两栖类、爬行类、鸟类、哺乳类
		2.2.2 无脊椎动物的主要类群及其与人类的关系:原生动物、腔肠动物、扁形动物、线形动物、环节动物、软体动物、节肢动物、棘皮动物
	2.3 微生物	2.3.1 微生物及其与人类的关系:真菌、细菌、病毒
	2.4 生物的分类	2.4.1 生物分类的基本方法:双名法、分类阶元
		2.4.2 如何使用分类检索表识别常见生物物种
3. 有关生态系统的知识	3.1 生物与环境	3.1.1 生物与非生物环境及其之间的关系
		3.1.2 生物与生物之间的关系:种内关系、种间关系
	3.2 生态系统的稳定性	3.2.1 种群的数量变化规律及其应用:"J"型和"S"型个体增长曲线
		3.2.2 生态系统的组成与功能:食物链、能量流动、物质循环、信息传递
		3.2.3 生态系统的主要类型:森林生态系统、草原生态系统、荒漠生态系统、湿地生态系统、淡水生态系统、海洋生态系统
		3.2.4 外来物种与生物检疫

（续表）

知识分类	主要内容	核心知识点
3. 有关生态系统的知识	3.3 城市生态与城市环境保护	3.3.1 城市生态系统的特点：核心是人类，具有不完整性、依赖性、不稳定性
		3.3.2 城市环境保护问题：大气及其保护、水环境及其保护、城市垃圾处理、城市绿化、城市居室环境污染
		3.3.3 现代生物技术在城市环境保护中的应用

3. 初中《地理》和《生命科学》教材的综合分析

从上述对初中《地理》和《生命科学》教材的主要内容和核心知识点的梳理可以看出，它们都有其独特的学科逻辑和知识架构，同时在教学内容上也存在明显的差异性。尽管地理和生命科学学科的主要内容不同，但如果从两门学科所联系的现实世界及其在真实情境中的应用等角度重新审视，我们便能发现二者存在一定的相似之处。比如，初中《地理》教材在"经济发展与环境保护"模块中设有城市环境污染的相关内容，初中《生命科学》教材也将"城市生态与城市环境保护"纳入其中。这一现象充分表明，这两门学科都高度关注城市生态环境问题。又如，初中《地理》教材的部分内容聚焦于地形、地貌的成因，初中《生命科学》教材中的主要内容则关注时间和空间维度上的生物物种、种群、群落以及生态系统的动态变化过程。虽然这些学科内容看似毫不相干，但实际上，它们可以通过现实世界的自然景观建立紧密联系。再如，在分析景观的形成过程及其地区差异等问题时，初中《地理》教材中"自然环境"模块的气候、气温和降水等知识是不可或缺的，初中《生命科学》教材中"植物""动物""生物与环境""生态系统的稳定性"等模块的相关知识也同等重要。由此可见，从学科的独立性及其发展的视角看，初中地理和生命科学是各自独立的两门学科；从现实世界和实际应用的视角看，这两门学科又展现出诸多相似之处，因此二者可以相互联系、彼此融合。

问题 12　初中地理和生命科学学科知识的交叉点有哪些？

在跨学科教学中，明确地理和生命科学学科知识的交叉点堪称难度之最。找到地理和生命科学学科知识的交叉点，有利于情境问题的设置和跨学科思维的培养，从而实现跨学科教学的预设目标。

依据课程内容的相关性分析和教材内容，我们对初中《地理》和《生命科学》教材中的交叉内容进行了系统归纳和整理；同时，考虑到初中《科学》教材中也会涉及地理和生命科学的相关内容，因此我们构建了初中《地理》《生命科学》《科学》教材的核心知识点交叉表（见表 4－3）。从表 4－3 可知，初中《地理》《生命科学》《科学》教材核心知识点的交叉内容大致可分为人类的适应性、资源利用、生物对环境的适应、城市环境保护四大主题。

表 4－3　初中《地理》《生命科学》《科学》教材的核心知识点

跨学科教学的相关主题	初中《地理》教材	初中《生命科学》教材	初中《科学》教材
1. 人类的适应性	1.7.3 世界三大人种 2.2.1 地形与地势 2.2.2 气候 2.2.3 气温 2.2.4 降水	1.4.1 人体性状和遗传现象 1.4.4 生物的变异	10.2.4 血液的组成：血浆、红细胞、白细胞、血小板 10.2.5 血管的分类：动脉血管（将血液从心脏输送至身体的其他部位）、静脉血管（将血液从身体各部分送回心脏）、毛细血管（氧气和二氧化碳的交换场所） 10.3.1 人体内的能量平衡 10.3.2 人体内的水分平衡：肾脏

（续表）

跨学科教学的相关主题	初中《地理》教材	初中《生命科学》教材	初中《科学》教材
2. 资源利用	1.5.2 陆地 1.5.3 河流与湖泊 1.5.4 海洋资源 1.7.1 世界主要人口大国 1.7.2 世界四大人口稠密区 2.2.1 地形与地势 2.2.2 气候 2.2.3 气温 2.2.4 降水 2.3.1 我国主要农业区和农业部门 2.4.1 我国省级行政区 2.4.2 我国地区概要与案例	2.1.4 植物的主要类群及其与人类的关系 2.2.1 脊椎动物的主要类群及其与人类的关系 2.2.2 无脊椎动物的主要类群及其与人类的关系 2.3.1 微生物及其与人类的关系 3.1.1 生物与非生物环境及其之间的关系 3.2.3 生态系统的主要类型 3.2.4 外来物种与生物检疫	9.3.1 绿色植物的光合作用:原料、条件、场所、产物 13.2.1 海洋资源:海水资源、海洋生物资源、海洋能源资源、海洋矿产资源、滨海旅游资源、海洋空间资源等 13.2.2 海洋资源开发 15.2.1 我国自然资源的基本特征:虽然自然资源种类多,总量大,但地域分布不均衡,空间分布不协调,人均占有量少,少数资源相对紧缺 15.2.2 人口过度增长对资源的影响:造成粮食短缺、资源耗尽、环境污染、经济发展受阻等问题
3. 生物对环境的适应	1.1.1 地理景观的多样性 1.4.3 地球公转与四季和五带 1.6.1 气候的两大要素 1.6.3 世界气候类型	3.1.1 生物与非生物环境及其之间的关系 3.1.2 生物与生物之间的关系 3.2.1 种群的数量变化规律及其应用 3.2.2 生态系统的组成与功能	2.1.1 观察动物的基本特征 2.1.2 了解常见生物及其生活环境 2.1.3 生物及其生活环境具有多样性 2.1.4 同种生物之间存在差异性 2.3.1 珍稀动植物 2.3.2 濒临灭绝的生物 2.3.3 环境变化对生物生存环境的影响 2.3.4 保护野生动植物 11.1.1 生物会对环境变化作出反应 11.1.2 刺激与反应 11.1.3 五种感觉及其对应的感觉器官:视觉(眼)、听觉(耳)、嗅觉(鼻)、味觉(舌)、触觉(皮肤)

（续表）

跨学科教学的相关主题	初中《地理》教材	初中《生命科学》教材	初中《科学》教材
			15.1.1 生态系统的组成及其相互关系：生产者、消费者、分解者和非生物成分 15.1.2 人类活动对环境的影响 15.1.3 全球性生态环境问题：全球气候变暖、酸雨、臭氧层破坏、生物多样性锐减和海洋污染
4. 城市环境保护	2.3.4 环境问题与环境保护 2.5.3 自然与社会发展	3.3.2 城市环境保护问题 3.3.3 现代生物技术在城市环境保护中的应用	12.1.4 土地荒漠化及其主要原因：气候干旱、过度放牧、过度砍伐森林等 12.1.5 土地荒漠化的防治 13.3.1 海洋灾害：风暴潮、海浪、海啸、赤潮、溢油等 13.3.2 污染防治

1. 人类的适应性

人类的适应性不同于短时间内形成的应激性，它是人类长时间对外界各种刺激作出的反应。“一方水土养一方人”这句话深刻地揭示了人类与地理环境之间的紧密联系。比如，我国藏族同胞世代生息于平均海拔高达 4000 米的青藏高原这一“世界屋脊”上。那里的空气稀薄，氧含量相较于平原低很多。对初次进入青藏高原的人来说，随着海拔的升高，其呼吸会变得愈发困难，而后则会出现恶心、眩晕等症状，严重时甚至会危及生命。然而，这样的高原环境对藏族人来说却成了宜居环境，其背后蕴含着深刻的生物学机制。经过数万年对高海拔的适应，藏族人的生理特征发生了显著变化。他们的动脉血管和毛细血管更粗，这就能为肌肉和器官输送更多的氧气，从而有效避免了高原反应的发生。同时，藏族人的血液流通速度较快，呼出的一氧化氮浓度较高。一氧化氮的主要功能就是促进血管舒张和血液流通。这一系列现象表明，藏族人适应高原环境的关键机制是改变一氧化氮的调节。从根本上说，真正使藏族人能适应高原环境的主要原因在于基因的长期选择和进化。从以上例子可以看出，要想全面、深入地诠释“人类的适应性”这一主题，既需要借助地理学科中关于高原地形、地势、气温、气压、光照等的知识和相应的思维方式，也需要依托生命科学和科学学科中关于基因、人体性状、血液、器官等的知识。只有将这些不同学科知识进行有机融合以及跨学科的综合思考，才能更清晰、准确地阐释“人类的适应性”这一主题的相关问题。

2. 资源利用

资源按性质可分为自然资源和社会资源两大类。人类的生存依赖于资源，人类的发展进程也与资源利用息息相关。如何有效利用资源，取决于人类对资源的认知水平。以湿地资源利用为例，在历史的发展进程中，人类对湿地资源系统的认知存在缺陷，因此走了很多弯路。比如，人们采取围堵入河入湖河道、排干湿地、发展农田、围湖养殖等不合理的开发方式，导致湿地面积急剧萎缩。同时，湿地还遭受了滥采资源、接纳超量污水排放、外来物种入侵等多重破坏，使得生物的生存环境遭到严重破坏，以及生物多样性受到严重影响。其最终结果是造成地理环境受损、产出资源枯竭等问题，严重威胁到人类的生存与发展。从以上例子可以看出，要想真正认识湿地对人类生存的价值，既需要具备地理学科中关于湿地具有容纳生物、调节气候、涵养水源、蓄洪防旱等功能的知识，也需要具备生命科学和科学学科中关于生物种群、生物与环境、生态系统、生物的化学构成等的知识。只有对三门学科的相关知识进行有机融合，才能对湿地的价值形成更立体、全面、深刻的认识，进而为人类更科学、合理地规划湿地资源的保护和利用提供理论基础。

3. 生物对环境的适应

“物竞天择，适者生存”是达尔文提出的生存法则。生物只有不断适应环境，才能得以生存繁衍，否则必将在自然选择的无情进程中被淘汰出局。这充分体现了适应的普遍性原则。比如，竹叶青蛇通身背面多为绿色和鲜绿色，其体色与生存环境紧密相关。这种与环境高度相似的底色形成了有效的保护色，使其不易被天敌或捕食者发现。这就是竹叶青蛇在长期的自然选择过程中逐渐形成的对环境的一种适应性特征。类似的例子在大自然中比比皆是：铁芒萁为了适应干旱环境，进化出了发达的根系，以便更高效地汲取地下水分；热带雨林中的树木长出板根，用于支撑高大的树干；深海动物的眼睛萎缩，是对黑暗环境的一种适应性变化；变色龙能随环境颜色的变化而灵活地调整自身的体色。从更宏观的角度看，陆上动物与水中动物不一样，它们不受水的浮力作用，因此一般都有支撑躯体和运动的器官，以适应爬行、行走、跳跃、奔跑、攀缘等多样化的运动方式，从而满足觅食、避敌、在陆地上运动等生存需求。生物的生存和发展与其生长的地理环境密切相关，生存环境无时无刻不在影响着生物的形态、生理特征和行为习性等。由此可见，要想解决“生物对环境的适应”这一主题的相关问题，地理、生命科学、科学三门学科就要联手开展跨学科教学，这样才能取得更优质的效果。

4. 城市环境保护

21 世纪以来，全球城市化进程加速推进，地球上已有一半以上的人口居住在城市中。2010 年，上海世博会提出的“城市，让生活更美好”这一主题，在当下以及未来相当长的一段时间内，仍然是城市发展领域中的一个重大课题。一个理想化的城市，应拥有宜居、人地和谐的环境，并为人类的高质量发展提供坚实支撑。以上海滨江改造为例，该项目在实施过程中，不仅需要在物理上实现黄浦江沿线（北外滩、西外滩、东外滩等区域）的贯通，还需要对原有工业遗产、码头遗产、公用设施遗产等进行选择性保留，同时需要精心规划滨江的植物群落。这项工程既涉及地理学科中关于城市土地利用和功能分区、城镇地域景观等方面的知识，也涉及生命科学和科学学科中关于城市生物选择、生态廊道建设等方面的知识。市民在这项工程中不仅能享受到良好的宜居、宜游的环境，还能满足身心娱乐和休闲的需求。更重要的是，这项工程能让市民获得与城市发展共进退的体验感，并在内心深处形成对城市发展理念的高度认同，从而助力城市生态朝着高质量循环发展的方向迈进。

以上四个主题涵盖了微观、中观、宏观领域，涉及对现象的察觉以及对深层机制的探索等不同方面。每一个主题都可以根据不同学科教材中的核心知识点设计出多样化的教学内容。以“人类的适应性”这一主题为例，生活在不同地域的人群所呈现出的肤色等性状以及生理活动具有差异性。这些差异性属于具体的表象，而表象背后的内在机制则是人种基因控制与生存环境影响的相互作用。其中，人种基因控制属于微观层面，生存环境影响属于宏观层面。跨学科教学的过程就是引导学生运用多学科知识，从微观到宏观的视角，将现象与机制建立联系。

问题 13　初中地理和生命科学学科的能力要求有交集吗？

地理和生命科学学科不仅要找寻学科知识的交叉点，还要明确学科能力要求的交叉点，并将这些交叉点组成能力交集。

从学科核心素养看，地理学科关注人地协调观，生命科学学科关注生命观念和社会责任。人地协调观旨在让学生基于地理学的认知，意识到人类要想获得长远发展，就必须尊重自然、保护生态，做到人与自然和谐发展，注重生态文明建设。社会责任旨在让学生基于生物学的认知，参与个人与社会事务的讨论，作出理性解释和判断，解决生产生活中的实际问题，同时形成科学的世界观，尊重自然、保护生态，助力生态文明建设。

初中《地理》和《生命科学》教材渗透了对学生能力培养与发展的具体要求。从地理和生命科学学科的课程标准、教材等的对比可以发现，二者既重视培养学生的学科核心能力，又强调发展学生的合作能力、实践能力和创新能力。为此，我们对初中《地理》和《生命科学》教材中描述的能力进行系统梳理，试图找到两门学科的能力交叉点，为地生跨学科教学提供参考。

1. 初中地理学科涉及的能力要求

初中《地理》教材对学生能力培养与发展的要求作出了详细描述，主要集中在学科核心能力、信息提取与处理能力、结论阐释与创新能力三个方面（见表 4 - 4）。

表 4－4　初中《地理》教材涵盖的能力类型及其释义

能力类型	能力释义
学科核心能力	阅读和使用常用地图和简单地理图表的能力
	地理空间思维能力，如辨识空间要素、建立空间联系、形成空间决策等
	地图技能，如地图的填绘、解释和应用等
信息提取与处理能力	获取和解读地理信息的能力
结论阐释与创新能力	表达和交流学习体会、想法、成果的能力

2. 初中生命科学学科涉及的能力要求

《义务教育生物学课程标准(2011 年版)》明确指出，生命科学指向促进学生在探究能力、学习能力和解决问题能力方面有更好的发展。生物学课程期待学生主动地参与学习过程，在亲历提出问题、获取信息、寻找证据、检验假设、发现规律等过程中习得生物学知识，养成理性思维的习惯，形成积极的科学态度，发展终身学习的能力。初中《生命科学》教材对学生能力培养与发展的要求作出了详细描述，主要集中在学科核心能力、科学探究能力、信息提取与处理能力、解决实际问题的能力四个方面(见表 4－5)。

表 4－5　初中《生命科学》教材涵盖的能力类型及其释义

能力类型	能力释义
学科核心能力	正确使用显微镜等生物学常用实验仪器的能力
	完成生物学实验操作(如观察、测量、解剖、调查)的能力
科学探究能力	提出问题、作出假设、制订计划、实施计划、得出结论、表达和交流的能力
信息提取与处理能力	收集、鉴别和利用课内外的图文资料及其他信息的能力
解决实际问题的能力	初步学会运用所学的生物学知识分析和解决实际问题的能力

3. 初中地理和生命科学学科的交叉能力

通过对初中《地理》和《生命科学》教材中有关学生能力培养与发展的要求进行分类和整理，我们可以发现，初中《地理》教材对学生能力培养与发展的要求呈现出相对具体化的特质，带有明显的学科烙印，如地理空间思维能力、地图技能等；同时，初中《生命科学》教材对学生能力培养与发展的要求则更多地从宏观层面出发，倾向于一般能力，如科学探究能力、解决实际问题的能力等。

从跨学科教学的视角看，跨学科课程或跨学科案例必须具备明确的能力指向。在深入分析初中地理和生命科学学科各自的能力表述要点后，我们归纳出初中地理和生命科学学科的交叉能力包括信息提取与处理能力、问题分析与质疑能力、结论阐释与创新能力（见表 4 - 6）。因此，在开展地生跨学科教学时，我们既可以在同一类型的能力维度上融合两门学科的知识，也可以将两门学科的不同能力类型进行整合。

表 4 - 6　初中《地理》和《生命科学》教材的交叉能力类型及其释义

交叉能力类型	能力释义	
	初中《地理》教材	初中《生命科学》教材
信息提取与处理能力	阅读和使用常用地图和简单地理图表的能力	收集、鉴别和利用课内外的图文资料及其他信息的能力
	获取和解读地理信息的能力	
问题分析与质疑能力	地理空间思维能力，如辨识空间要素、建立空间联系、形成空间决策等	提出问题、作出假设、制订计划、实施计划、得出结论、表达和交流的能力
结论阐释与创新能力	地图技能，如地图的填绘、解释和应用等	初步学会运用所学的生物学知识分析和解决实际问题的能力
	表达和交流学习体会、想法、成果的能力	

下面，以上海市静安区教育学院附属学校盛丽芬老师讲授的“丹顶鹤去哪里

越冬"一课为例加以阐释。在"寻找越冬地"的活动中,盛老师为学生提供了两则文字材料和一幅蕴藏丰富地理信息的地图。此时,学生需要从文字材料中读取有关丹顶鹤的形态特征、栖息环境等生命科学信息,以及从地图中读取0℃等温线等地理信息,并将地理和生命科学信息进行整合后,才能合理作出选择越冬地的决策。显而易见,这个教学设计就是将地理和生命科学学科的相同能力类型即信息提取与处理能力进行了整合。

再以上海市大同初级中学黄钦赟老师讲授的"爱'打扮'的雷鸟"一课为例,说明对地理和生命科学学科的不同能力类型进行整合的教学设计。在"雷鸟分布在哪里"这个教学环节,黄老师为学生提供了气温曲线和降水量柱状图。学生先要运用信息提取与处理能力,从气温曲线和降水量柱状图中提取有效信息,而后根据所提取的信息完成信息推测(包括假设)、得出结论和解释结论等高阶思维活动。这一过程涉及问题分析与质疑能力、结论阐释与创新能力。

在初中阶段开展跨学科教学,绝不应止步于地理和生命科学学科之跨。为了更好地应对现实问题,多学科之跨已然成为未来教育的发展趋势。

第五章

跨学科教学的学校行动

问题 14　初中师生如何看待学校开展的跨学科教学?

1. 教师对学校开展跨学科教学的看法

问题 5 和问题 6:您会在日常工作中关注其他学科知识吗? 您会经常去听其他学科教师的课吗? 您认为教师之间需要合作吗?

教师的看法:在日常工作中,大多数教师会关注其他学科知识。比如,有些学校的地理教师归属于政史地综合教研组,因此他们经常会去听道德与法治、历史学科的课,但却很少会去听生命科学学科的课。而且,有的教师因为日常工作比较繁忙,所以只是偶尔去听其他学科的课。此外,很多教师认为,各学科教师之间需要进行交流合作。在交流过程中,教师不仅可以探讨不同学科相互交叉的知识点,还可以了解学生是否学习过与地理和生命科学学科交叉的其他学科知识,防止重复学习。同时,教师能掌握学生已有的知识储备,即所谓的前概念。但在实际教学中,教师只有在遇到具体问题且自身不能解释清楚时,才会向其他学科教师请教。

问题 7:在实施跨学科教学时,您遇到过哪些困难? 您认为遇到这些困难的原因是什么? 您认为如何才能克服这些困难?

教师的看法:很多教师认为,在开展跨学科教学时,因为没有进行过系统研究,所以缺乏开展跨学科教学的具体方法和可行途径。此外,在教学进程中,一旦涉及学生尚未学习过的知识点,想要顺利推进跨学科教学显得尤为困难。导致这一困难的主要原因有两点:一方面,学生的理解能力有限,在将不同学科知识进行融会贯通方面存在困难;另一方面,教师自身对其他学科知识的掌握程度与本学科相比存在差距,无法在教学中精准、深入地讲解跨学科知识。虽然很多教师会想方设法地克服这些困难,但因为初中生的思维能力有所欠缺,还不能系统地将这些学科知识串联起来,这就使得教师克服这些困难的效果并不显著,跨学科教学的推进仍面临较大挑战。

2. 学生对学校开展跨学科教学的看法

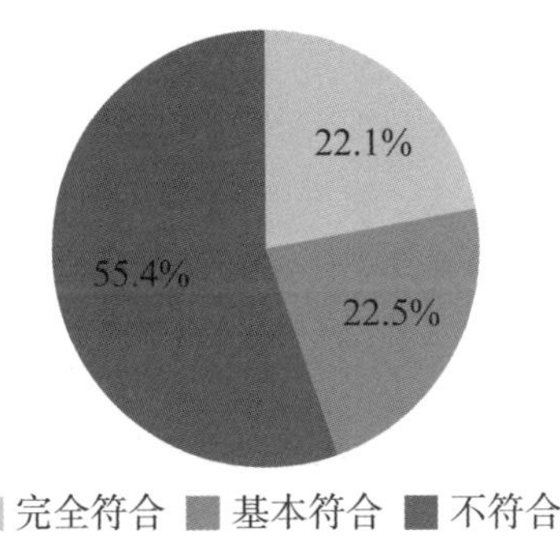

图 5－1　“我的地理或生命科学老师经常会在课堂上讲解其他学科知识”问卷结果

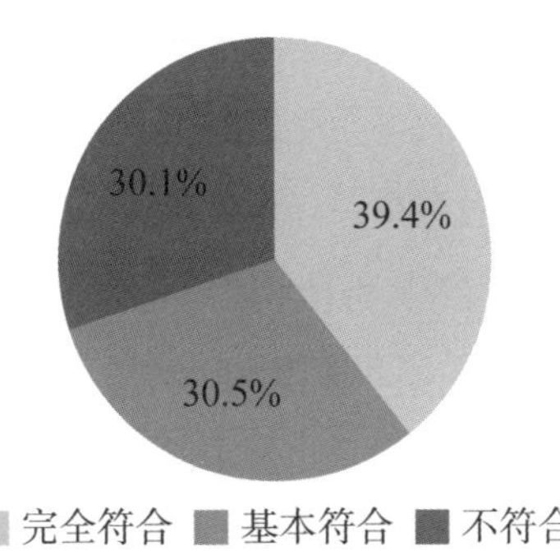

图 5－2　“我认为，当老师运用生命科学知识讲解地理知识时，我会更容易理解”问卷结果

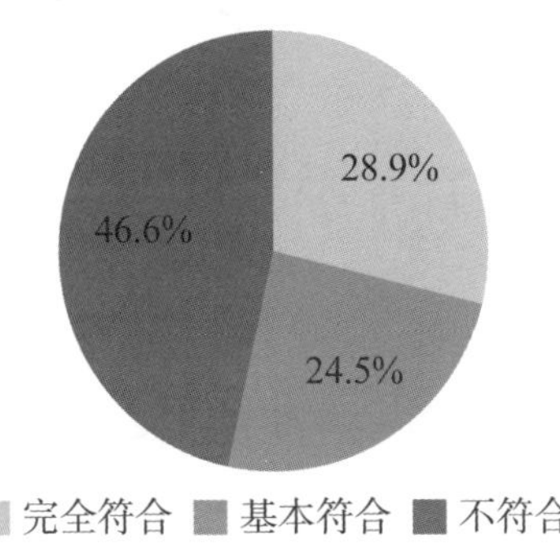

图 5－3　“学校曾经开展过具有跨学科特征的综合实践活动”问卷结果

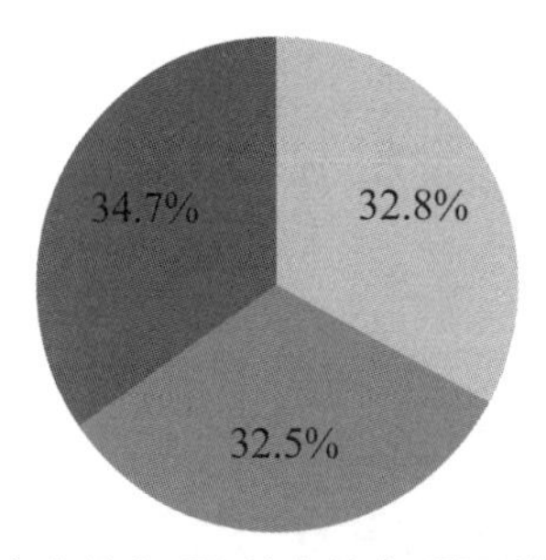

图 5-4 “学校曾经开设过将地理和生命科学学科紧密联系的拓展型课程和研究型课程”问卷数据

从调查结果可以看出,55.4%的学生认为教师没有在课堂上讲解其他学科知识。这意味着教师开展跨学科教学的意识较为淡薄,或者说虽然教师在课堂上讲述了一些其他学科知识,但学生本身对跨学科的认知存在缺陷,以致他们未能察觉到教师正在进行跨学科教学,因此也就难以体会到其他学科知识对理解地理和生命科学知识有一定的帮助。

综合以上调查结果可知,初中地理和生命科学课程已经或多或少地涉及学科交叉内容,因此教师在教学中不可避免地会进行跨学科教学。此外,当教师遇到一些难度较大的其他学科知识时,他们往往会对如何进行跨学科教学感到迷茫和困惑。尽管初中地理和生命科学学科的交叉点十分丰富,教师也已经开始自觉研究如何利用这些交叉点来开展跨学科教学,但当教师遇到跨学科障碍问题时,他们仍普遍采用通俗的语言或自己学科的方法进行形象类比,以此尝试突破困境。

从现实看,学生对跨学科学习的感受和体悟并不深刻。这一方面是他们平时接触跨学科学习的机会不多,另一方面是他们对跨学科的专业认知较为匮乏,因此无法体会跨学科学习的精妙之处。鉴于此,学校和教师有必要开展一系列跨学科学习的宣传推广工作,以提高学生的认知水平。更为关键的是,全体教师需要牢固树立跨学科意识,并切实将跨学科思维融入日常教学。对初中教师来说,当务之急是加强对跨学科新政的解读,以及强化地理与生命科学教师之间的沟通和研修,创设有针对性的地生跨学科案例,并将其应用于教学实践。

问题 15 如何在国家课程中推进跨学科教学？

《指导意见》明确提出，“夯实基础型课程教学，奠定跨学科分析基础”“加强特色课程的建设，增加跨学科学习经历”“关注学科知识网建构，融入跨学科问题情境”“提升学科的思维品质，重视跨学科迁移培养”“设计多样化教学方式，创设跨学科学习契机”“开发校内外场馆资源，丰富跨学科现场体验”“借助信息技术的支持，营造跨学科模拟场景”“优化作业设计与实施，提供跨学科案例分析”“研究跨学科能力评价，促进跨学科习得成效”。其中，要求“在日常教育教学中，应以学科课程标准为依据，参照学科教学基本要求，引导学生认真学习每一门课程，为跨学科案例分析奠定必要的学科基础”，并进一步强调“在夯实学科基础知识与基本技能的同时，还应重视学科关键能力的培养，注重学科内容内涵与外延的构建，避免仅围绕学习内容进行表面孤立、机械生硬的简单记忆”。依据《指导意见》来看，初中跨学科教学并非仅局限于地理和生命科学学科之跨，而应迈向多学科之跨。不过，在上海初中跨学科教学再出发的起步阶段，仍要以地理和生命科学两门学科的显性之跨作为导向。

我们可以将地生跨学科教学在基础型课程的推进过程中形象地理解为“先锋部队、主力部队、后援部队三支队伍协同作战”。当下，先锋部队是初三地理和生命科学两门学科。它们肩负着攻坚克难的重任，要在“高风险地区”或“最有可能获得战果的地区”奋力突围，占据前沿阵地的有利地形，并运用有效的战术策略，以期获得满意的战果。初三地理和生命科学教师团队需要有足够的智慧，并能科学统筹和调配手中的资源，精心创设优质案例，融合情境以实施教学。他们的战果将反哺其余教师队伍的跨学科教学，旨在助力教师树立信心并明晰路径。主力部队是全体初中地理和生命科学教师，他们需要从初中起始年级开始，在基础型课程中注重学科内容内涵与外延的构建，致力于落实课程标准中提出的跨学科教学目标。这支队伍虽然不像先锋部队那样直接站在跨学科教学的最前线，但他们扎根于地生跨学科教学的主阵地，授课课时最多，持续时间更长，指导的学生也最多,涉及面也更广泛。如果没有这支主力部队在主阵地的拼搏奋斗,先锋部队的努力就会失去根基,难以维持胜利的态势。其他基础型课程的教师队伍则是跨学科教学的后援部队,涉及人员更多,能辐射并指导整体教学工作。这支队伍原本就在日常教学中或多或少地开展一些跨学科教学活动。如今,在中考新政明确的指令要求下,他们需要更用心地在基础型课程中融入跨学科教学理念。这支队伍既不在前线,也不在主阵地,因此可以利用时间和空间优势,更为灵活、机动且富有创造性地开展基于本学科、联手多学科的跨学科教学。以基础型课程指导开展跨学科教学的队伍如此划分,且这样的状态还需要维持几年。我们也可以将主阵地放在初三年级的跨学科教学上,以此发挥引领作用,但这样势必会造成维持成本较高且吃力,同时也偏离了上海中考新政对跨学科教学目标的精准定位,即便短期内或许能收获些许利益。

初中地理、生命科学和科学三门基础型课程是关键性学科课程。依据前文分析,科学课程本身涵盖地理、生命科学等内容,可依据课程标准自然进行适度融合,给予学生跨学科学习体验。同时,在初中阶段的地理和生命科学课程教学过程中,也能深入挖掘本学科课程标准和教材中的跨学科元素,在基础型课程教学中进行适度延伸,以此拓宽学生看待现实问题的视角,提升其分析和解决问题的能力。

当下,关于在基础型课程中渗透地生跨学科教学,大致有以下两种策略:

1. 横向联合

如何横向联合初中地理、生命科学和科学三门基础型课程,我们可以从以下四方面加以落实。一是主题知识联合,如城市环保、城市生态等。通过三门学科知识的有机融合,构建个性化的跨学科知识网络。二是能力联合,如信息提取与处理能力、读图能力等,这是三门学科共同的能力要求。虽然不同学科各有侧重,但总体上,"利用文字、图像材料提取有效信息"的能力要求保持不变。三是主题联合。比如:师资、课程资源条件优越的学校,可以全方位推进跨学科教学;条件受限的学校,则可以围绕能源、资源等主题,让初中地理、生命科学和科学三门学科实现联合。四是错层联合。根据目前初中学段的课程设置情况,在低年级学段,侧重于地理与科学学科之间的联动。比如，在预备班和初一年级，要在地理课程教学中挖掘课程标准和教材中的跨学科元素，从激发兴趣、开拓思路等视角为跨学科教学作铺垫，并整合科学学科中的地理和生命科学学科知识，开启地生跨学科教学的启蒙之旅。在高年级学段，则侧重于地理与生命科学学科之间的联动，基于学生已经基本掌握的初中地理学科的核心概念和关键能力，在生命科学课程教学中，从教学方法、学科观念等视角进行地生跨学科教学。错层联合虽然对低年级学段和高年级学段的联合学科各有侧重，但要求初中地理、生命科学和科学三门学科将跨学科教学及其支撑体系视为一个整体，并加以统筹设计和布局。

2. 纵向深入

如何对初中地理、生命科学和科学三门基础型课程进行纵向深入，我们可以从以下三方面展开思考和行动。一是梯度设计。依据不同年龄学生的认知水平和特点，在不同年级的三门基础型课程教学计划中，对跨学科的基础知识和基本技能进行梯度布局。比如，教师可以围绕一个主题内容，如海洋生命科学，展开教学的梯度设计。这一教学设计应涵盖教学目标、教学内容、学科技能、作业评价等环节，以实现由浅入深的梯度设计，契合学生的认知规律，进而提高跨学科教学的效度。二是跨度设计。由于跨学科教学存在“物理之跨”“化学之跨”等不同形式，并且“物理之跨”往往是“化学之跨”的基础，因此要想实现基于主题情境的从关联到融合，就要进行梯度设计。随着学生认知水平和分析能力的日益提升，跨学科融合在教学中的占比将会持续提升，其在三门基础型课程中出现的频率也会相应提高。同时，跨学科的主题内容也会向纵深方向迈进。三是温度设计。有温度的设计是着眼于“全人”的设计，是面向终身发展的设计，是对接国家和社会需求的设计，是眼中有人的设计。在初中地理、生命科学和科学三门基础型课程的教学过程中，教师需要树立落实立德树人根本任务的意识，兼顾人文关怀和家国情怀，注重在地生跨学科教学中强化价值引领。无论是在主题内容的选择上，还是在情境创设和教学指导环节，都要进行有温度的纵向设计。

总而言之，跨学科教学既要基于评价导向，又要顺应社会发展的现实需求，还要关联学生的社会生存和长远发展。依据初中课程计划进行纵横交叉设计，拓展地生跨学科教学的时间和空间维度，丰富学科核心概念的内涵，将其有机融入初中阶段的课程与教学，以此培养学生的跨学科思维，促进学生提升分析和解决现实问题的能力。

问题 16　如何丰富跨学科学习经历？

《指导意见》指出，除了在初中地理、生命科学和科学三门基础型课程中开展跨学科教学外，还要加强特色课程的建设，增加跨学科学习经历。比如，依照《上海市普通中小学课程方案》，设计个性化的学校特色课程建设方案。在充分落实基础型课程要求的基础上，精心设计拓展型课程和研究型课程内容，开展具有跨学科性质的主题教学、课题研究和社团活动，以增加学生的跨学科学习经历。接下来，我们将结合具体的案例，对跨学科学习的实施路径进行剖析，并给出方向指引。

1. 加强跨学科特色课程建设，做好地理与生命科学学科衔接

跨学科教学的推进，可以与拓展型课程、探究型课程、社团活动相结合。一方面，可以从地生跨学科的视角，开发校本拓展课程，或者精心挑选拓展型课程中的几个单元主题来组织教学活动；另一方面，可以依托探究型课程，以课题为载体，以探究现实问题为导向，引导学生体验对现实中的跨学科问题进行科学探究的过程，进而有效提升其跨学科能力和综合素养。在此过程中，学生能在某一领域达成深度学习。这对他们从容应对高中面试终评的要求大有裨益。同时，在拓展型课程和探究型课程的教学过程中，我们可以遵循由浅入深、从简单到综合的原则设计课程，使跨学科教学循序渐进、逐步深化。社团作为深受学生喜爱的学习与活动组织形式，是在特色课程中开展跨学科教学的理想载体。比如，在初二年级，学生进入“地理空档期”，此时可以采用微课题研究的形式，持续探究地理和生命科学学科知识以及如何运用这些知识解决现实问题，为初三年级的

地生跨学科学习打下良好基础，也有利于学生更好地应对综合素质评价。

由此可见，依托初中地理、生命科学和科学三门基础型课程，以增加跨学科学习经历为导向，开发具有跨学科特质的特色校本课程，并做好与之相关的建设、设计与安排，不失为一条重要路径。对跨学科特色校本课程而言，不仅要整体设计课程目标、教学对象、课程内容、课时安排、课程评价等，还要在研究跨学科案例的基础上，通过对案例的精选、分类和统筹，开发特色校本教材，并适时进行跨学科教学。

【案例】

建设初中学段种子课程的基本要求

初中学段种子课程的内容应围绕初中生在学习生活、日常起居和社会生活中能接触到的事物展开，并能以科技创新项目的形式呈现，具有明显的动手实践的特性。

选择初中学段种子课程的内容时，应考虑初中生的兴趣，也应考虑初中生知识与能力发展的特点，还应考虑初中学段课程设置的要求和学校设施设备的特点等。一般情况下，初中学段可以围绕一个真实项目设计种子课程。

表 5－1　初中阶段科学方面创新能力的教学目标

创新过程	教学目标
提出问题	能在生活领域的事物中发现问题，从中筛选出有科学研究价值的问题，并将问题和研究价值表述出来
查阅文献	能通过多种途径查找资料，初步分辨资料真伪，对资料进行简单加工处理，并从中获得启发；能撰写简单的资料分析报告
制订计划	能提出合理假设，在现有条件下制订探究活动计划，并分析探究活动计划的可行性和合理性；能用适当方式表述假设和探究活动计划
开展探究	能初步运用科学方法，以及使用科学仪器等，按计划开展探究活动；能规范地记录信息并初步分析信息，得出证实或证伪假设的结论
表达交流	能撰写比较完整的研究报告；能进行交流讨论，并对他人的意见或建议作出合理反馈

（摘自“上海中小学新科学新技术创新课程平台”）

【案例】

学校特色课程建设

对于课程目标和课程计划的评价，是课程立项的关键环节。只有通过该评价的课程，才能正式立项；只有通过立项评审的学校课程，才能被纳入学校课程计划。

表 5－2　学校课程的评价指标和评价标准

序号	评价指标	评价标准及其得分			
		4分	3分	2分	1分
1	课程设计的先进性，以及开设本课程的意义	课程目标明晰，能反映当代科技发展和社会发展的趋势，对学生综合素质的提高具有显著的促进作用	课程目标清晰，能基本体现当代科技发展和社会发展的趋势，对学生某方面素质的提高具有促进作用	课程目标基本清晰，课程内容合理，对学生发展具有一定的促进作用	课程目标不明确，课程内容陈旧落后，对学生发展没有意义
2	课程的拓展性，以及课程目标与学校培养目标的一致性	在国家（上海市）课程计划的基本要求的基础上进行了拓展和深化，体现了学校的培养目标	在国家（上海市）课程计划的基本要求的基础上进行了一定的拓展，基本体现了学校的培养目标	仅仅是国家（上海市）课程的延伸，某些方面体现了学校的培养目标	仅仅是国家（上海市）课程教学的继续，不能体现学校的培养目标
3	课程设计与学校课程改革思想和学校整体课程计划的相容性	课程设计充分体现了学校课程改革思想，完全符合学校整体课程计划	课程设计体现了学校课程改革思想，基本符合学校整体课程计划，但还存在一些偏差	课程设计与学校课程改革思想之间存在一定差异，与学校整体课程计划之间存在一定冲突	课程设计与学校课程改革思想相冲突，与学校整体课程计划相矛盾

（续表）

序号	评价指标	评价标准及其得分			
		4分	3分	2分	1分
4	课程设计与学校课程平台设置的一致性，以及课程的完整性	课程设计是学校课程模块的重要组成部分，与其他学校课程没有交叉，有独立的知识体系和培养目标	课程设计符合学校课程模块的要求，但在知识体系的建构上还有所欠缺，或者存在与其他学校课程不协调的问题	课程设计符合学校课程模块的要求，但内容结构不完整，与其他学校课程有明显的交叉或冲突	课程设计不符合学校课程模块的要求，可能会对其他学校课程目标达成有负面影响
5	课程计划的科学性、适应性	课程内容科学合理、结构清晰，课程的呈现形式与学生发展水平相适应	课程内容基本科学合理、结构清晰，课程的呈现形式与学生发展水平基本相适应	课程内容结构不合理，课程的呈现形式与学生发展水平不太适应	课程内容结构缺乏逻辑性或完整性，课程的呈现形式与学生现阶段的发展水平脱节
6	是否具有开设课程的基础和条件	教师的知识基础、学生的知识准备、学校现有的条件等，能完全满足课程开设需求	教师的知识基础、学生的知识准备、学校现有的条件等存在不足，但已有切实可行的解决方案	开设课程的基础和条件中有目前难以解决的问题，但可以通过努力来解决这些问题	课程设计中存在近期无法克服的困难或无法解决的问题

注：得分大于等于18分的课程通过立项；得分大于等于15分且小于18分的课程可以继续修改，以待再次评审；得分小于15分的课程则直接被否决。

（华东师范大学第二附属中学）

【案例】

基于校本化特色课程暨社团组织的跨学科学习

一、基本信息

1. 课题名称：GREEN环保社团。

2. 适用学段：初中（预备班至初二年级）。

3. 涉及学科：地理、生命科学、科学。

4. 课时安排：每周2课时，总课时数为32课时。

二、具体方案

1. 背景分析

（1）社会现实

党的十九大报告提出："倡导简约适度、绿色低碳的生活方式，反对奢侈浪费和不合理消费，开展创建节约型机关、绿色家庭、绿色学校、绿色社区和绿色出行等行动。"

（2）学校氛围

我们基于学校浓厚的人文氛围，充分利用已有课程资源，引导学生从自身做起，从了解和关心身边的环境到关注国家乃至世界范围内的环境保护和生态保护问题，并深入探究解决生态问题的有效方法。

（3）学生需求

学生不仅积极参加各种有机种植活动，悉心观察和呵护作物的生长过程，还利用屋顶花园的果实等材料开展其他探究活动，如自制香草手工皂，以及制作环保酵素、简易植物标本等。

（4）课程资源

学校拥有面积达 3400 平方米的屋顶花园，花园植被由乔、灌、草组成，营造出优美的景观效果。以屋顶花园为依托进行校本课程开发，有机整合学校的其他特色活动，极大地丰富了校园的课程文化内涵，为课程实施提供了得天独厚的优越条件。

2. 课程目标

第一，学生通过播种、养护、观察、收获等环节，体验农作的方法，了解植被的生长习性。

第二，引导学生收集旧物并进行再次利用，如橘皮精油提取、咖啡渣再利用、手工香囊制作等。

第三，让学生在实践中感受身边的自然生态之美，形成自觉保护自然环境的意识，牢固树立有机种植的科学理念。

3. 课程实施

模块一：有机农场，绿色环保。这一模块包括认识有机种植、体验土地翻耕和种子播种、学习田间管理、记录自然笔记、体验农作物收割等活动。

模块二:环保 DIY,绽放光彩。这一模块包括润唇膏制作、紫草膏制作、橘皮精油提取、咖啡渣再利用等创意手工制作。

模块三:地理与生活。这一模块包括分组介绍二十四节气等活动。

4. 教学策略和教学效果

(1) 融合德育的体验教学

在屋顶花园里打造一个有机农场,为生活在城市里的学生创造与农作物亲密接触的机会。在此过程中,学生既能体验种植的辛劳,又能享受收获的乐趣,还能产出有机蔬菜和一系列衍生产品。

(2) 贴近生活的跨学科教学

围绕有机农场这一核心资源,环保社团持续深入探索,不断突破创新,设计了一系列子课程。

比如,在"了解有机种植"的子课程中,学生不仅知道了有机农场的定义、有机土壤的重要性以及有机土壤的加工制作过程,还学会了利用咖啡渣、环保酵素、波卡西堆肥等,为土壤增加肥力。

又如,在"吃水果,种森林"的子课程中,学生从吃水果这件小事入手,通过自然笔记、照片等形式记录下不同作物从果核到完整植株的系列成长变化。

再如,在"环保 DIY"的子课程中,学校与上海根与芽青少年活动中心、上海欣耕工坊公益服务中心等进行合作,组织学生制作橘皮清洁剂、精油护手霜、椰子油润唇膏、香薰蜡烛、紫草膏等产品。

5. 课程评价方案

(1) 评价内容

教师评价:通过学生的课堂发言、活动参与度以及小组汇报展示等,观察并评价全体学生的课堂综合表现;通过学生在有机种植和手工制作过程中的具体操作以及最终成果质量,评价学生对各类工具的熟悉度和作品的完成度;通过学生绘制、展示自然笔记的过程,评价学生的设计能力和表现能力。

学生评价:通过组内互评的方式,对组内成员的表现进行评价,并根据自身的课堂表现、参与活动的态度、平时作品的完成情况进行自评。

(2) 成绩评定

第一部分是课堂参与,占比为 60%,包括小组汇报展示和活动参与度。第二部分是平时作品,占比为 40%,包括手工作品和自然笔记。其中,教师评分占比为 60%,组员评分占比为 30%,学生自评占比为 10%。

表 5-3 评分细则

一级指标	二级指标	教师评分	组员评分	学生自评	汇总
课堂参与(60%)	小组汇报展示(30%)				
	活动参与度(30%)				
平时作品(40%)	手工作品(20%)				
	自然笔记(20%)				
最终成绩					
等第					

注:0—59 分为 D,60—72 分为 C,73—86 分为 B,87—100 分为 A。

6. 课程说明

(1) 完整性

课程设计构建了一套从认识有机种植、介绍农作物耕种方法,到引导学生自主播种、养护、收获,再到利用种植的作物进行手工制作,以及通过创造性地改造废旧材料使其焕发新生的循序渐进、环环相扣的完整课程体系。

(2) 连续性

在课程实施过程中,教师定期组织回顾与总结活动,并对已有成果进行分享交流。授课对象包括预备班至初二年级学生,其中感兴趣的学生可以连续三年选修该课程。

(3) 统整度

课程以地理和生命科学学科为依托,围绕环保主题进行深度开发,兼顾科学和人文视角,进行跨学科融合。

（4）科学性

植物的播种、收获，需要严格遵循农时规律。学生对节气、物候的学习，也需要遵循自然规律，并以此指导农业生产实践。在手工制作环节，每个原料都要有固定的配方，并确保实践操作的科学性和规范性。

（5）创新性

在屋顶花园自主开展开垦和种植活动，将湿垃圾制成肥料进行养护，再利用作物进行手工制作，此类实践课程在同类学校中较为少见，因此具有创新性。

（6）探究性

从播种、浇灌到养护，植物生长的每个阶段都蕴含丰富的观察学习要点，为学生提供了持续探究自然奥秘的机会。

（7）学科知识的落实程度

地理学科：学生不仅能学习到自然地理知识，如城市热岛效应的缓解策略，还能从人文地理视角分析它带来的社会和经济效益，从而获得地理实践力。

生命科学学科：学生不仅能了解不同的群落特征，识别不同的植物类别，还能体验种植过程，感受生长的奥秘。

（8）多元评价的应用

学生的能力呈现出多维度、多方面特征，如有的学生擅长观察，有的学生擅长表达，也有的学生敢于尝试。针对这一现象，教师构建了过程性、多方面的学习评价体系，从而全面、客观地评价学生的学习成效，助力学生成长。

（上海市民立中学　刘　宁）

2. 开展综合实践活动，创设跨学科学习的契机

在现实生活中，各类真实问题从本质上看皆具有跨界属性。学科知识在一定的情境中是相互交织的，共同为解决某一问题或阐释某一主题而发力。然而，从学生问卷调查结果可以发现，学生在真实情境中参与跨学科学习的机会较少，有的学校几乎没有为学生提供这类体验。因此，在今后的学科教育教学过程中，教师要引导学生尝试运用多种学习方式，感受跨学科学习的魅力，关注跨学科探索的过程和经历。具体而言，教师要引导学生在日常学习中敢于提出自己的意

见，并针对问题展开深入思考、研究和探索；同时，鼓励学生将注意力更多地集中在围绕学科问题并提出跨学科分析的解决路径上，借此逐步提升自身的实践能力和创新能力。

开展跨学科实践活动与课堂教学相辅相成，这也是初中地生跨学科教学的主要内容之一，对提升学生的跨学科思维能力等具有重要作用。

下面以馆校合作为例加以阐释。比如，教师可以充分利用身边的科普场馆开展跨学科实践活动，如上海自然博物馆（上海科技馆分馆）、上海科技馆、上海东方地质科普馆、极地科普馆等。这些科普场馆聚焦特定主题元素，巧妙汇聚多学科内容，因此它们是开展跨学科实践活动的优质场所。教师应抓住馆校合作的契机，深度挖掘科普场馆内与初中地理和生命科学学科密切相关的跨学科资源，充分借助场馆创设的情境、可供操作体验的实验仪器以及专业人员的精彩讲解等优势条件，通过精心设计和有机融合，以跨学科实践任务为驱动，带领学生走进科普场馆，亲历跨学科学习之旅，从而有效拓展跨学科教学的外延。

【案例】

城 市 野 趣

本次活动以探寻上海市区最常见的四种鸟类为切入点，精心制作了一份兼具趣味性和知识深度的任务单。任务单内容涵盖两个关键部分：一方面，安排学生前往上海自然博物馆进行观察记录，深入了解鸟类的形态特征、栖息环境等知识；另一方面，组织学生前往大宁公园，开启户外观鸟任务，将所学知识与实际观察相结合。如此一来，活动巧妙地从室内延伸至户外，既贴近生活，又为学生提供了丰富多样的学习体验。

（上海市静安区市北初级中学北校　蒋小红）

3. 指导学生开展课题研究，开启跨学科探索之旅

跨学科教学能与初中探究型课程实现深度融合，开辟出一片全新的教学天地。具体而言，教师可以组织学生成立探究小组，选择跨学科课题，并在社会生活中自主收集跨学科资源，进行跨学科探究和实践。比如，依据不同的课题研究方向，学生会采取多样化的研究方法。有的课题需要学生对专业人士进行访谈，

在融合学科专家观点的基础上主动进行学科知识整合；有的课题需要学生开展实验探究，在实验设计、实验准备、实验实施、得出结论的过程中主动进行跨学科实践；还有的课题需要学生进行社会调查，或者将调查与实验相结合等。这些都是开展跨学科实践活动的可行方法和途径。

【案例】

打造跨学科案例分析的趣谱课堂

一、创设教学情境

在“新校舍，我做主”的课题中，教师为学生创设了设计屋顶花园的情境。为赋予学生最为直观的感受，教师给学生提供了新校舍的第五层即最高层的平面设计图，同时要求学生以小组为单位，自主查找其他建筑屋顶花园的设计案例，并将其作为参考。

二、解决实际问题

在设计屋顶花园的过程中，学生需要对前期调查的研究成果进行深入剖析，并结合新校舍的平面设计图和上海的气候特点等，制定适合学校屋顶花园的设计方案。鉴于任务难度，教师提出具体且细致的要求。这些要求恰似一个个精巧的脚手架，为学生提供了有力的提示和引导。

比如，教师提出以下要求：校园的屋顶花园如何才能绽放它的美丽，成为同学们学习、休闲的安全场所？请同学们结合其他建筑屋顶花园植物角的设计，充分兼顾阳光照射时长、花卉花期、观赏性高低、物种是否齐全等方面，设计出你们理想中的学校屋顶花园。

某个小组对屋顶花园进行了网络调查，从而发现多种适合在屋顶花园种植的花草，并在调查报告中写下了初步结论。此次活动是为自己的学校量身设计，因此学生们非常用心，全身心地投入其中，极具代入感。而且，经过对其他建筑屋顶花园的深入了解，他们已然能尝试全方位地对屋顶花园的设计进行思考，而不是一味地提出不切实际的想法，进而能有的放矢地进行创新设计。

该小组针对此任务得出以下结论：屋顶花园的种植和设计非常复杂，需要考虑到各种植物的耐光照特性、耐旱耐寒能力、生长周期长短，以及土壤和建材的选择等关键要素。唯有如此,才能营造出一个供学生休息放松的绿色空间。该小组分别从植物的生长周期、花期、观赏性、色调搭配等方面进行了分析,最终发现屋顶花园需要做到以下几点:(1)保持空间开放;(2)添加焦点;(3)尽可能统一色调;(4)注重地板的美观设计;(5)根据气温季节变化灵活调整冷暖色调;(6)充分利用墙面和地形特点;(7)注意从植物的生长周期、观赏性、色调等方面进行搭配和选择;(8)关注所用板材的防尘防水性能。

(上海市静安区教育学院附属学校　耿园萌)

4. 借用学习空间和资源,丰富跨学科学习经历

学校还可以与湿地公园、植物园、动物园、生态农业园等社会实践基地建立紧密的合作互动关系。在此过程中,教师可以与基地的专业人员组建跨学科指导团队。这支团队将依据教学的实际需求和预设目标,依托专业人员的丰富实践经验,设计跨学科实践活动的具体方案;同时,借助学校的社会实践活动,巧妙地将教学场所从传统的教室转移至大自然的实景课堂,旨在让学生带着任务或问题投身实践,从而拉近了学生学习与社会生活之间的距离,使学习过程更具实践性。

【案例】

上海湿地危机

正式上课前,教师先引导学生回顾六年级学习的人口与自然资源的相关内容,并要求学生自主学习上海市乡土地理中与地理相关的专题。继而,教师带领学生参观上海自然博物馆中的上海故事展区。在此期间,学生以学习活动单为线索,了解上海湿地的形成机制、发展脉络和演变态势,认识城市发展和扩张对湿地生态环境的影响,以及社会各界为改善湿地生态环境而付出的努力。在此基础上,学生通过项目化学习的方式,推动小组成员对展区内的不同展点进行深度挖掘和拓展研习,并围绕"上海湿地危机"这一主题进行不同形式的创作。

(上海市静安区市北初级中学北校　蒋小红)

问题17　地生跨学科教学能否以项目化学习的方式展开？

项目化学习是通过集中关注学科或跨学科的核心概念和主题，设计驱动性问题，让学生在自主或合作解决基于项目任务的问题的过程中积极学习、自主建构、生成知识和培养素养的一种教学方式。那么，地生跨学科教学能否以项目化学习的方式展开？依据前文所述，初中地理与生命科学学科之间存在人类的适应性等交叉点。凭借这些交叉点，这两门学科可以共同分析和解决一些现实问题。要想解决这些现实问题，就可以将其设计成一个个项目，以任务驱动推动探究活动的开展，助力学生寻找问题的解决方案。从这个角度看，以真实且富有挑战性的问题作为引领的项目化学习，确实是当下地生跨学科教学可选择的一条有效路径。

1. 地生跨学科教学内容和项目化学习内容都具有综合性

跨学科教学内容跨越了不同学科的内容范畴，因此综合性较强，往往会以主题和专题的形式呈现。这与项目化学习内容的特征较为相似。此外，初中《地理》和《生命科学》教材也是以主题的形式进行架构的，即围绕某个专题或话题展开学习和探索。在实际教学中，教师往往需要依据大概念和大单元设计教学，以此增强教学的系统性和实效性，并且需要围绕不同主题构建解决问题的知识网络。在跨学科教学的测评环节，教师会以真实情境问题为支点，进而设计出问题链。此外，学生需要在短时间内对问题进行分析，并提出相应的解决方案。项目化学习内容的综合性较强，情况相对复杂，需要跨学科教学内容提供有力支撑。比如，日本核污水排放会带来哪些危害、如何应对城市地面沉降问题、20年后的苏州河会有哪些变化等。

2. 地生跨学科教学和项目化学习都具有挑战性

之所以要开展跨学科教学，就是为了能更接近问题的真相，寻找到更优化的应对方式。项目化学习恰恰就是围绕驱动性问题展开的，通常我们称之为项目。其中，驱动性问题一般是指现实生活中真实且具体的问题。项目化学习中的问题和跨学科教学所要解决的问题，在真实性方面都有两种理解：一是在现实世界中会遇到的生活问题；二是基于学生自身的经验，在学生认知范围内需要解决的情境化问题。此外，跨学科教学和项目化学习都需要经历发现问题、提出问题、分析问题、得出结论等阶段。在解决问题的过程中，学生通过体验探索过程培养自身的跨学科思维和创造性思维。在知识习得与生活应用、问题解决与实践创新的持续双向互动中，学生的认知能力和非认知能力得以发展。面向未来的学习具有挑战性，能增强学生学习与创新的驱动力。比如，校园排水系统的优化、郊野公园的发展瓶颈、鄱阳湖的萎缩等问题，可以作为学习内容。

3. 地生跨学科项目化学习具备实践基础

跨学科学习并非新话题，已有许多探索案例。目前，上海正大力推广跨学科学习，线下实践和研讨活动频繁，“空中课堂”也提供了众多优秀案例。在跨学科案例及其教学设计、实施过程中，跨学科项目化学习也涌现出许多优秀案例，如“校园绿化小当家”和“大山”等。

【案例】

基于跨学科项目化学习的单元教学设计与实践初探

——以“校园绿化小当家”为例

项目化学习能否取得成功的关键在于框架问题的设计。鉴于此，在紧密结合项目主题与目标、校园文化与学情的基础上，我将本项目探究的核心问题设定为“我们的校园需要什么样的景观?”。由该核心问题延伸出的问题框架见图 5－5，形成的活动流程见图 5－6。

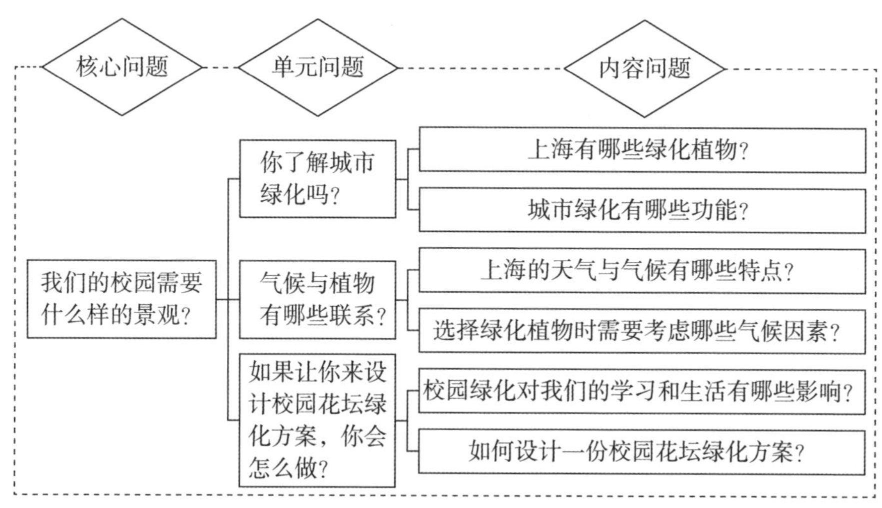

图 5－5　“校园绿化小当家”项目的问题框架

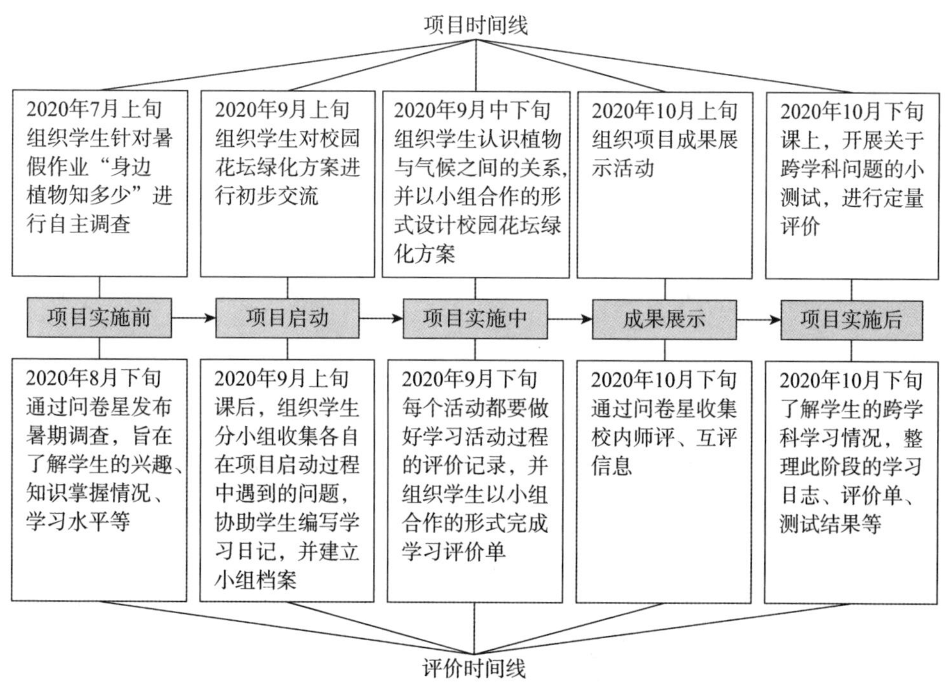

图 5－6　“校园绿化小当家”项目的活动流程

“校园绿化小当家”项目的实施流程分为项目前期、项目中期和项目后期三个阶段，具体如下：

项目前期：整合课程资源，提出项目问题。

暑假期间，我布置了一项名为"身边植物知多少"的实践活动作业。在此活动中，学生可以从小区、公园、道路等日常场景中任选一种植物展开研究，了解植物的名称、生活习性(如对光照、降水、土壤的要求)、原产地、主要分布区等，并制作植物小报。

学生评价作为项目化学习的重要组成部分，着重补充了针对学生活动过程表现和观念认知的评价维度。比如，"你认为近几年上海的城市绿化工作成效如何?"这一问题的调查结果显示，214 个学生认为"效果很好，天更蓝，城更美"。这说明绝大多数学生在活动中既感受到城市的变化，又体会到作为城市主人翁所肩负的社会责任感。

项目中期：搭建知识框架，促进应用与迁移。

项目中期设置的关于上海天气与气候的教学板块，是对上教版七年级上册《地理》教材中的"气温与降水"单元进行贴合乡土实际的深度拓展，旨在帮助学生搭建知识框架，为后续跨学科知识的应用与迁移提供学习支撑。

在学情评估方面，我们知道学生已经在六年级第二学期学习了世界气候类型的相关知识，因此教学重点应聚焦知识应用环节，即运用文字、图表等正确表述上海天气与气候的实际情况。教学难点在于跨学科知识的应用与迁移，即如何通过学生易于理解的方式，将上海的天气、气候等地理要素与植物的生长联系起来。

项目后期：设计校园绿化方案，解决项目问题。

学生在掌握了上海天气与气候对植物生长的影响规律的基础上，已经基本了解如何在跨学科视角下选择绿化植物。然而，他们对设计方案的评价标准却缺乏清晰认知。为此，学生们共同商定了校园花坛绿化方案的评价标准。

接着，结合学校现有的资源条件，学生们以自由结合的方式进行组队，开启了为期两周的校园花坛绿化方案设计之旅。两周后，教师通过学校的微信公众号等平台发起校园花坛绿化方案网络投票活动，广泛动员学校师生和家长以及周围小区居民踊跃参与投票。此次网络投票活动反响热烈，共计 4246 人参与了投票活动。

(上海市风华初级中学　李文博)

【案例】

如何设计"大山"项目的驱动性问题

要想开展高要求的跨学科项目化学习，实施高质量、标准化的项目，就要关注驱动性问题设置、学习任务设计、成果评价设定等关键环节。

驱动性问题设置是整个跨学科项目化学习的关键环节，必须兼顾知识目标和素养目标。项目组以"大山"为切入点，深度挖掘"大山"地理和"大山"植被所涵盖的相关知识点，并对这些知识点进行梳理与关联，形成知识网络图谱。在这一图谱中，我们将地理环境与山体植被建立紧密联系，并将植被与地理环境的适应性设定为地理与生命科学学科之间的跨界桥梁，从而明确了该项目的本质问题。

表 5－4　驱动性问题的四次迭代

以知识点为核心的驱动性问题	何为山体的垂直地带性？它具有怎样的特点和规律？不同海拔高度对应的植被类型分别是哪些？山体的垂直地带性与植被分布之间有怎样的关联？
以回应本质问题为目标的驱动性问题	设计山体地理位置时需要考虑哪些因素？不同海拔高度对应的植被类型有何特征？选择对应的植被类型时需要考虑哪些因素？
以解决问题为特征的驱动性问题	山体的设计和布局应遵循哪些原则？如何针对不同海拔高度选择相应的植被类型？
从情境感知出发的驱动性问题	2019 年，"生物圈三号"模拟实验重启。我们需要探寻并打造一座理想中的"大山"，并将作为人类的新生存基地。"大山"应选址于何处？出于何种考量？又该如何构建其生态系统，以模拟人类的第二个家园？

经历四次迭代优化，最终形成的驱动性问题虽然是一个被特意设计的非真实任务，但遵循挑战性和深度学习原则，指向地理与生命科学学科的核心概念和关键能力，具有较强的开放性。因此，学生要对地理与生命科学学科之间的关联进行系统分析和创造设计，以高阶任务取代低阶任务。

（上海市卢湾中学　吴　丹）

为应对上海中考新政，我们形成了众多实践案例，可供教师群体参考。以上两个关于跨学科项目化学习的案例虽然并非最佳实践,但都能指导学生在一段时间内持续探究,尝试创造性地解决问题,进而形成相应的项目成果,获得良好效果。在项目推进过程中,两则案例中的教师都组建了项目化学习实践共同体,从跨学科视角整合不同学科知识和方法,设计阶段性的驱动性问题,引导学生自主或合作探索;同时,强调学习过程中的合作,鼓励学生全身心地投入真实情境中的问题研究和解决,创造性地完成学习任务,将学习成果进行展示和分享,让学生从中获取解决实际问题的能力。

总之,跨学科项目化学习是一种基于真实情境的跨学科学习方式。同时,我们也需要注意到,项目化学习具有不断试错、适时调整、需要相对充裕的探索时间以及呈现多样化的学习成果等特征。

第六章

地生跨学科教学案例研究

问题 18　如何选择地生跨学科教学案例？

世界纷繁复杂，可用于地生跨学科教学的素材十分丰富。在中考新政背景下，如何选择适切的教学案例，可从以下几方面进行思考：

1. 从学习本质视角看

20 世纪 60 年代，信息加工学习理论兴起。20 世 80 年代，受到维果茨基等学者的思想启蒙和影响，人们对学习的认识逐渐回归人的内在本性。如今，学习具有以下时代特征。一是主观能动性。人们有着内在的发展需求，是能动的学习者，并非只是被动地接受客观知识。二是情境化。知识存在于相关情境中，因此学习者可以通过参与情境活动，发现并掌握知识。三是具身性。学习并非仅靠知觉和理性就能把握外部世界的心理表征，而是在学习者与世界互动过程中展开的。四是社会文化限定性。学习始终是在特定社会和文化场域中发生的实践活动。社会互动和协作不仅能促进学习，更是学习的本质。此外，文化形成又会反过来塑造学习者的活动、观念和情境。因此，跨学科案例的选择要考量其是否能反映学习的本质和促进文化的形成。

2. 从教学素材来源看

在开展跨学科教学的过程中，教师需要针对学情选择合适的案例。基于当下对学习本质的认识，我们所探寻的跨学科知识内容，应该朝着“能激发学生的学习兴趣和学习动力、融入真实情境、促进学生与世界和社会互动并反映一定场域”的方向努力。

教材内容、书籍杂志、新闻时事、学术期刊等，可以成为跨学科教学案例的素材来源。这就需要教师在日常教学中关注时事、关心生活，用敏锐的眼光捕捉社会生活中与地理和生命科学学科相关的典型案例、热点议题、学术前沿动态等，做到及时积累与深度挖掘。此外，跨学科教学案例还可源于学生，如学生提出的问题或疑惑、感兴趣的话题以及那些贴近学生生活实际的领域等。总之，地生跨学科教学案例源于广阔的现实世界，因此需要教师成为有心人，既善于发现，又善于思考。生活性、时代性、经典性、校本性素材，逐渐成为跨学科教学案例的资源库。

【案例】

一年四季皆可品尝的葡萄干

据相关媒体报道，上海食品展览会在上海新国际博览中心举行。展会现场还迎来了一批远道而来的新疆朋友。他们的展台以雪山、草场、绿洲、湖泊等新疆自然元素以及丝绸之路经济带核心区的特色为主题，生动展现了新疆特色农产品“雪水浇灌、天然绿色、果香瓜甜”等独特优势，着力宣传了新疆特色农产品的“绿色、营养、美味、健康”的品牌形象。

在20余种新疆特色农产品和深加工产品中，无核绿葡萄干成为本届展会的新宠。其皮薄肉嫩、粒大味美，且整体大小均匀、内无葡萄籽，因此赢得了广泛好评。

那么，新疆葡萄干是怎么来到上海的呢？新疆葡萄干等一系列农产品的到来，离不开上海援疆工作的扶持。新疆与上海分别是“一带一路”东西两端中前沿的门户窗口与枢纽城市。上海在新一轮援疆工作中，将自身的成功经验与新疆的实际情况相结合，通过援疆途径实现了东西部地区的优势互补与均衡发展。同时，这一举措也极大地减少了新疆低收入人群的数量，为其2020年的脱贫攻坚战作出了重要贡献。

（上海市奉贤区头桥中学　盛国庆）

3. 从中考新政目标要求看

跨学科教学案例的选择，对实现教学目标至关重要，尤其要紧密围绕中考安排跨学科案例分析题这一新政目标。地生跨学科案例有很多类型，如价值观培养、人物线索、自然灾害、大型工程等。由于分类标准不一，这些案例在教学中发挥着不同作用。中考新政要求初中地生跨学科教学聚焦现实情境，培养学生推理过程、分析问题和提出解决方案的能力。不同类型的案例选择，反映了选择者的不同意图，服务于不同的教学目标，进而产生不同的教学效果。因此，在选择地生跨学科教学案例时，教师要关注所选案例的问题意识、素材背景、学科跨度、篇幅长短等。地理和生命科学教师要用专业的眼光，从学科融合性、素材典型性、时效变化性等角度对案例进行精选，突出案例在跨学科情境、思想方法、价值观念、主题领域、时代需求等方面的代表性。此外，他们还要站在学生的视角，关注学生对案例的兴趣，以及分析和解决案例时学生的最近发展区等。

【案例】

走进梦清园

小明的家位于苏州河畔。有一次，他在散步时走进了河边的梦清园。他认真地参观了梦清园中的梦清馆，其中的雕塑展示了蜿蜒的河流、美丽的渔村、发达的工业、沉重的污染、生态恢复的画面……令他印象深刻的是三个苏州河水缸，它们展示了不同时期的苏州河水变化。

馆中的展品让他联想到了在地理课上学到的关于上海市乡土地理的知识。比如，苏州河是上海的母亲河。上海开埠后，沿河的工业迅速发展，但也导致河水变得黑臭，鱼类逐渐消失。后来，经过多年治理，河水又恢复了清澈。

好奇的他查阅了一些资料，得知苏州河中曾经生活着被称为“江南第一名鱼”的松江鲈鱼。同时，他还知道了苏州河中生存的其他鱼类。

为进一步了解苏州河，小明查到了一张标记有苏州河工业文明遗址的分布图。因此，他还想要了解，为什么苏州河边曾经集聚着如此多的工厂。

（上海市民立中学　乐声浩）

4. 从跨学科学习检测看

跨学科教学案例的选择，也需要考虑检测的需求。用于检测的案例，需要有专项练习、阶段练习和综合练习等不同类别。专项练习是指针对某一能力和主题的训练，旨在对学生的盲点、漏点、弱点进行完善，如提升信息提取能力，学习开放试题的应对策略以及生态系统和生态平衡的知识点等。阶段练习旨在帮助学生树立学科观念，养成良好习惯，并对解题思路进行一定的训练。这些案例可能涉及可持续发展策略、区域规划设计意识、各种现实问题的应对措施等方面的内容。综合练习则更注重普适性、典型性、综合性的情境问题。因此，在选择地生跨学科案例时，应考虑其用途，即在实施跨学科教学的过程中，要注意案例的使用时空、学习目标指向等要素。比如，各校基于小尺度乡土资源开发的个性化案例地域性强，典型性、普适性不够，因此更适合用于专项练习和阶段练习。

5. 从跨学科案例构成看

我们所选用的跨学科案例应该有三条线结构，即思想线、知识融合线、问题解决线。其中，思想线是案例选择的出发点和立足点，也是学科育人、立德树人的重要体现。这在上海市教育委员会提供的“青藏高原”案例中得到了较好诠释。比如，盛丽芬老师的“丹顶鹤去哪里越冬”案例旨在促使学生思考国家为何推荐盐城黄海湿地申报世界自然遗产。又如，中考中的“青浦茭白”案例以国家脱贫工程为背景，“黄芪”案例以传承中医文化为背景，“蜗牛”案例以强化创新融合思维为背景。知识融合线要求在情境案例中设计跨学科问题链，选择的情境应成为跨学科思维训练的载体。问题解决线则要求设计的问题能从案例中获得有用信息和线索，引导学生统整思维，进而检测出他们解决问题的素养。这些问题由开放题和非开放题组成。

问题 19　如何研制地生跨学科系列案例?

在教育领域，将一个大主题分成若干小专题并形成系列，有助于对这个主题进行深度诠释，同时也能有效促进自主学习。跨学科学习也是如此。

1. 地生跨学科系列案例是案例教学的基础

常言道，巧妇难为无米之炊。对于跨学科教学，如果没有基础材料，则寸步难行。同样，如果不将跨学科素材做成系列案例，想要做好跨学科教学，也是不现实的。

（1）走进案例教学

案例教学是一种以案例为基础的教学法，它理所当然地成为地生跨学科教学的主要选择之一。案例教学由美国哈佛大学法学院原院长兰德尔（Christopher Columbus Langdell）于 1870 年首创，是一种开放式、互动式的新型教学方式，被视为代表未来教育方向的成功教育方法之一。案例教学主要倡导将学习融入案例情境，其特色是鼓励学生独立思考，引导学生从注重知识转变为注重能力，重视师生之间的双向互动。20 世纪 80 年代，案例教学被引入我国，其应用范围也逐渐扩大。它不仅在高等教育领域得到了广泛应用，而且职业教育、中小学教育等领域也开始尝试引入案例教学。

（2）案例教学特色与跨学科教学特色相契合

首先，案例教学有鼓励学生独立思考的特色。地生跨学科教学提供的案例大多是教师自创或改编的，没有国家层面的现成案例可以作为参考。对学生和教师来说，这些案例都是鲜活的知识，甚至没有既定的问题，更没有现成且统一的答案。这种开放性既为学生在学习过程中独立思考留出了广阔的空间，又使得跨学科案例的教与学更具灵活性。此外，学生还能根据自己的理解和思考去探索案例中的知识和问题。其次，案例教学有引导学生从注重知识转变为注重能力的特色。在当今重视素养培育的教育大环境下，跨学科教学尤为注重对信息提取能力、问题分析与解决能力的培养。这与案例教学的目标高度一致，二者相互呼应。通过跨学科案例教学，学生能在具体情境中运用所学知识，锻炼各种能力，从而更好地适应未来社会对人才的需求。最后，案例教学有注重师生之间双向互动的特色。在地生跨学科教学中，双向互动不仅是一种客观存在，更是一种迫切需要。一方面，师生共同面对充满未知的案例情境，需要相互交流、共同探索；另一方面，承担跨学科教学的地理和生命科学教师，由于学科差异，彼此之间存在知识盲区。因此，地生跨学科教学特别强调多方协同，双向乃至多向交流也成为目前跨学科教学的实际状态。

2. 研制地生跨学科系列案例的原则

地生跨学科系列案例的研制要遵循真实性、生动性、多样性、相关性、典型性五大原则。

（1）真实性原则

无论是高中新课标还是义务教育课标，都特别强调在真实情境中学习。真实情境经得起细节推敲，要有真实数据和客观现象作为支撑。真实案例，尤其是成系列的案例，确实会增加教师选择和整合的难度，但无疑也会促使学生更加投入和认真学习。

（2）生动性原则

在当下这个知识触手可及的时代，如何激发学生的学习热情，以及点燃他们对知识的渴望，成为教育者亟须攻克的重要课题。为此，开发一系列旨在服务于学生学习的案例显得尤为迫切。这些案例要巧妙地融合生动的情境素材与智慧的编排，确保情境脉络既清晰明了，又充满活力。

（3）多样性原则

单一或单调、不成系列的案例，用于单次跨学科教学或许可行，但要完成持续一个周期且有效的教与学过程，就会有问题。选择多样性的案例和多样化的案例内容，能增加案例的复杂性。这种复杂性组合起来则具有更高的价值，从而助力教与学。

（4）相关性原则

新课标和新教材都凸显了知识结构化的重要性。知识结构化本质上是将所学知识编织成网，便于学生认识事物的整体和真相，更有利于培养学生的高阶思维能力。因此，选择系列案例或案例情境内容时，必须注重它们之间的相关性。

（5）典型性原则

跨学科学习的目标不仅是让学生学会知识，更重要的是让他们掌握学习方法，学会学习。选择具有一定代表性和普遍性的典型案例，一方面，能缩短学生进入情境的时间；另一方面，通过典型情境案例形成的分析和解决问题的思维方式，有利于迁移至其他情境中的问题处理上，真正起到举一反三、触类旁通的作用。

3. 研制地生跨学科系列案例的方法

（1）方法的选用

研制跨学科系列案例时，一般选用情境案例分类法。这是一种比较有效的方法。情境案例分类法是指对融入情境的案例进行分类与整理，确保案例在知识、能力、空间区域、具身性等多个维度上具有广泛的覆盖面，并且情境具有典型性等，旨在通过精制案例、做成系列，助力跨学科案例教学的开展。此外，分类依据也是多样的，如按案例用途分为训练案例、综合测试、课堂教学案例、活动案例等，按从宏观到微观的层次结构分为纵览穹苍观万象、系统视角看地球、开阔视野看世界、文化自信爱祖国、千姿百态访生命等，也有按照区域现象或事件分为世界的、国际区域的、中国的、上海本土的等。

（2）方法的运用

在《初中跨学科案例分析精讲》一书中，我们具体运用了情境案例分类法，对地生跨学科案例进行了主题分类，包括物种篇、生活篇、人物篇、事件篇、政策篇、工程篇、现象篇。以下是现象篇的跨学科案例示例。

表 6－1　现象篇的跨学科案例示例

现实情境	知识梳理	专题导读	拓展阅读
江河滚滚向东奔跑	1. 我国的地势特征 2. 河流的分类 3. 水循环	1. 三江源 2. 京杭大运河 3. 洄游	水系和鱼类
千姿百态的旗形树	1. 我国的季风气候 2. 常见的植物类群 3. 中国的林业	1. 黄山 2. 判别风向的方法	1. 南橘北枳的自然密码 2. 榕树的绞杀现象

（续表）

现实情境	知识梳理	专题导读	拓展阅读
动物能够预报地震	1. 板块构造 2. 震级、烈度	1. 火山喷发 2. 生物的应激反应 3. 地震预报和地震预警	火山地震面面观
百万候鸟落户崇明	1. 物种保护——让大自然充满生机 2. 湿地——地球之肾	1. 候鸟——伟大飞行家 2. 东非动物的迁徙——艰难的求生之旅 3. 日渐长大的崇明 4. 观察鸟类——见证自然界的奇迹	候鸟之殇——让鸟儿自由飞翔
登高望远寂寥寒冷	1. 海拔高度与相对高度 2. 太阳辐射——地面加热器 3. 生物对自然环境的适应——适者生存	1. 植物的垂直分布——一山有四季 2. 人间四月芳菲尽，山寺桃花始盛开	樱花前线

【案例】

千姿百态的旗形树

在地理学科中，黄山迎客松有一个学名，叫作“旗形树”。据《皇览》记载：“东平思王冢在无盐，人传言王在国思归京师，后葬，其冢上松柏皆西靡也。”后人用“东平之树”比喻人死之后，其思乡之情亦不泯灭。上海市崇明区前哨学校的杨同学在探究旗形树现象时，创造性地提出了“靡靡之树”“靡树”的说法。旗形树是一种自然现象，也是一种地理现象，它当然不会有思乡之情，其独特的形状与风向、风力密切相关。

著名的黄山迎客松所呈现的形态就是“靡树”现象的典型体现。黄山迎客松是黄山景区的标志性景观，位于玉屏峰前，一侧为陡峭的山石，另一侧为悬崖，整棵松树朝着悬崖一侧延伸，好像伸出手臂来欢迎来自五湖四海的游客。黄山迎客松历史悠久，享誉海内外。

上海崇明东滩湿地是国际重要湿地，也是鸟类国家级自然保护区。在这片区域中，1968 年大堤以东区域和 1998 年大堤以西区域的水杉出现了比较明显的“靡树”现象。由于这里距海较近，再加上地势低平、人烟稀少，以及湿度高、盐度大、风力强等多种因素的综合影响，东滩地区出现了比较明显的旗形树现象。这里的旗形树虽然不像黄山迎客松那样具有典型性，但依然具有可观测性，并且呈现出一定的规律。此外，并非所有的树种都会出现旗形树现象。在东滩地区，出现明显旗形树现象的树种主要有水杉、栾树等。

（上海市崇明区裕安中学　范含信）

（3）情境案例分类法的特点

情境案例分类法具有系列系统构建、层次脉络清晰、便于选择实施等特点。跨学科案例系列的系统构建，有助于形成一系列相互关联的案例合集，从而为跨学科案例教学的持续开展提供资源保障。层次脉络清晰体现在通过科学合理的分类方式，对案例进行归档整理，并依据成熟案例，对新案例进行有效处理。正因为案例经过了分类处理，所以在实施跨学科案例教学、跨学科案例分析辅导时，教师和学生可以便捷地找到合适的案例。

研制一系列高质量的跨学科案例并非一朝一夕之功，需要研究者投入大量时间和精力。然而，认真研制案例，会为研究者打开一片全新的跨学科天地。依据一定的原则，结合各所学校、各位教师以往的教学积淀和经验，在跨学科教学的研究与实践中，通过不断拓展案例选择的视角，拓宽学生看待现实问题的视野；同时，通过不断提取案例的典型特征，并将其整理成系列，帮助学生更好地形成跨学科思维习惯，激发学生学习的内在动力。

当下，学习与学习者及其所处的群体的现实生活和经验紧密相连，同时与学习者的认知、动机、情感等因素的关系也越来越密切。无论是哪一种学习环境还是哪一类课程，都日益关注学生在解决真实问题和参与真实性实践的过程中，其认知、情感、社会性、认识论和价值观等方面的发展。因此，案例与情境紧密结合已成为跨学科教学案例的一种常态。

问题 20　如何更好地呈现地生跨学科案例？

经过上海近几年的探索，地生跨学科案例逐渐形成特有的呈现样貌。

1. 地生跨学科案例呈现的元素

一个跨学科案例一般是在特定情境的统领下，由文字、图像、图表、问题等外在元素构成，同时还包含情境内容的相关性以及隐含价值等内在元素。地生跨学科案例要想实现完美呈现，依赖于这些构成案例的内外元素进行有机组合。当案例具有图像清晰、图表恰当、文字简练、布局合理等特征时，它将直接对学生的学习感受和学习效能产生积极影响。这在学生学习繁忙的初三年级尤为关键。

真实的社会生活问题具有复杂、综合、多变的特点，在信息社会时代更是海量存在。因此，在将其引入初中尤其是初三跨学科教学时，需要对案例元素进行内外简化处理，从而形成既符合学科新课标与教学基本要求，又契合学生心智年龄的情境案例。如前文所述，训练案例、综合测试、课堂教学案例、活动案例等不同用途的案例，其内在的呈现要求也不一样。综合测试最为“精致”，因为它是在短时间内让学生学习、提取信息并回答问题的“练习”。课堂教学案例的内容则相对丰富一些，以便教师引导学生由浅入深地开展跨学科探索。活动案例分为课堂活动案例和课外跨学科案例，其主要作用是提供信息，多以问题或任务的形式呈现，具有实践性、体验性和综合性等特点。训练案例是一般的案例，虽基于情境构建，但学科情境占比较大，具有较强的本土性和校本性，但其内在元素的关联性、针对性和精简性相对较弱。

2. 地生跨学科案例呈现的问题

承担初中地生跨学科案例教学的地理和生命科学教师在中考新政推出之

际，不埋怨、不发牢骚、不消极应对，而是勇敢地接受了这项挑战。在既没有教材，又缺乏足够的可借鉴的案例的艰难情况下，他们自主确立教学主题、搜集情境素材和编写案例，并自觉地与各自的协同教师展开合作，推动地生跨学科案例教学实践。初中阶段承担跨学科教学的任课教师，都有各自原创的跨学科案例，也都注意到跨学科案例呈现的问题。

其实，对承担跨学科教学的任课教师而言，面临的挑战包括存在知识的漏点，以及在不熟悉的领域指导学生的困难，最关键的是案例的组织和呈现。在跨学科案例的组织和呈现过程中，往往存在“贪”“杂”“重”的问题。所谓“贪”，就是“捡进篮子都是菜”的心态，什么都要，直接使用简讯等素材，简单地将各种素材堆砌在一起。这类案例表现为文字啰唆、学科性差、图表不全等，师生看起来很费劲。所谓“杂”，就是情境素材的呈现杂乱无章。这不仅体现为排版等外在形式的混乱，更在于内在逻辑的杂乱。阅读这样的案例，会给人一种无序、凌乱的感觉，难以把握案例的核心内容和逻辑线索。所谓“重”，是指教师在组织和呈现跨学科案例时，常常局限于自己熟悉的领域，或者依据示范案例进行操作，缺乏突围意识。这就导致呈现出来的案例及其情境内容重复的概率较大，不利于对学生进行多方面的训练，也无法给予学生多样化的思维挑战，难以有效提升学生的综合能力。

3. 地生跨学科案例呈现的路径

无论何种地生跨学科案例，要想实现更优质的呈现效果，可以从以下几方面着手：

（1）依据课标，参照要求。精简案例时，须紧扣跨学科教学的根本目的与任务，削枝强干，凸显对相关学科核心概念的运用以及对学生关键能力和必备品格的培养。

（2）聚焦主题，体现融合。跨学科案例不等同于相关学科素材的简单拼凑，因此呈现时需要紧扣情境主题，体现不同学科间的有机融合。

（3）设计梯度，跨度适切。案例配备的情境问题需要精心创设。对单一学科教师来说，设计跨学科问题或学习任务难度较大。因此，需要在多科教师的联动下，设计有梯度的问题，引导学生从低阶思维逐步走向高阶思维，这样更符合学生的认知规律。此外，学科之跨可从“物理之跨”逐步走向“化学之跨”。在不同教学阶段，更要考虑采用不同的跨度设计，这样才能促使教师的“教”和学生的“学”更从容。

4. 地生跨学科案例呈现的价值

（1）有利于提高学生的阅读效率

良好的地生跨学科案例呈现，需要融入现实情境，实现简约的内容、精练的文字、清晰的图像等要素的完美组合。这将显著提高学生的阅读效率。新课标强调在情境中学习，以及进行情境分析与问题解决。不仅地理和生命科学如此，多数学科的中考和高考也围绕情境命题，日常学习与训练同样围绕情境展开。因此，阅读效率显得尤为关键。要解析案例中的众多信息，提升阅读舒适度和阅读效率，良好的案例呈现是重要基础。

（2）有利于培养学生的思维能力

由适度的容量、合理的结构、有梯度的问题等要素组合而成的跨学科案例，无疑能清晰地呈现案例构成元素之间的相关性，为解读情境中不同事物或事件的关联性提供脚手架，有助于培养学生的关联思维，促进其对事物或事件的构件进行相关分析，进而有利于学生的思维进阶。从跨学科案例呈现的“物理性”看，诸如地理学科中的图文布局、数据图表等，以及生命科学学科中的图文、链式图等，良好的呈现方式既直观清晰，又便于学生思考。

（3）有利于激发学生的学习兴趣

注重跨学科案例呈现的细节，因为其中蕴含着严谨、认真的态度，以及对情境的深度感知，甚至还可能体现教师个人喜好。这些细节无疑会激发学生对跨学科学习的兴趣，并在学生心中埋下以跨学科思维看世界的种子。

第七章

地生跨学科教学设计与策略

问题21　如何设计地生跨学科教学？

跨学科教学设计的基本思路与流程，遵循一般教学设计的基本过程与方法。然而，由于其跨学科的特性，在着力点上可能与一般教学设计有所不同。具体可从前期准备与实施设计两方面展开。其中，实施设计维度与一般教学设计的思路基本一致，从教学任务、教学目标、教学过程、作业与评价等环节逐步推进（见图7-1）。

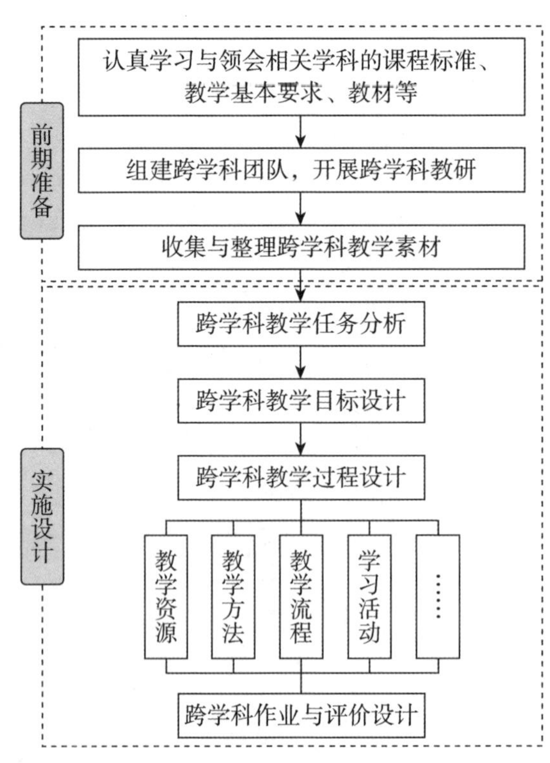

图7-1　跨学科教学设计的基本思路

1. 前期准备

在一般教学设计中，专业教师往往经历了一定阶段的专业学习，或者参与继续教育与培训，积累了扎实的专业理论知识，具备坚实的学科教学基础与功底。然而，面对跨学科教学时，大部分教师会遇到相对陌生的学科领域。因此，针对这种情况，教师可以从以下几方面作准备：

首先，教师需要认真学习与领会相关学科的课程标准、教学基本要求、教材等。这不仅有助于精准把握本学科课程与教学的内涵和要求，还能对其他相关学科有一定程度的了解与涉略。需要说明的是，并不要求教师成为其他学科的专家，但至少应保持学习与关注的态度。

其次，开展跨学科教学需要组建跨学科团队，开展跨学科教研。跨学科教学并非要求所有教师都转型为跨学科教师，而是更强调联合相关学科教师，组建跨学科教研团队。我们通过充分发挥各学科教师的专业优势，实现智慧碰撞、学科融合、力量凝聚，为学生提供丰富的跨学科学习机会，培养出适应社会发展和时代需求的优秀人才。

最后，相较于传统学科教学，跨学科教学缺乏统一且权威的教材作为参照，其教学内容源自生活、社会和现实世界，并处于不断发展与变化中。因此，教师在日常教学中，要注意收集与整理跨学科教学素材。比如，可以利用市、区、校等层面的交流活动，以及学科间的相互交流，同时利用互联网、期刊等途径，积累相关资料，精选有用资源，开发适合校情、生情和师情的跨学科教学素材。

总之，跨学科教学的前期准备，需要教师投入大量精力，进行深入思考。所谓“博观而约取，厚积而薄发”，这正是与一般教学设计相比，跨学科教学在前期准备阶段更需着力的关键所在。

2. 实施设计

（1）跨学科教学任务分析

跨学科教学任务分析可以从主题设计、学情分析两方面展开。其中，主题设计主要聚焦于跨学科素材的选取与分析。从中观层面看，要围绕素材进行分类与整理，明确相关素材的整体架构、逻辑关系、内涵价值等；从微观层面看，能具体阐释该内容在专题或主题中所处的地位或发挥的作用，以及设计所遵循的主要理念与思路等。

由于跨学科教学的实施方式比较灵活，既可安排在基础型课程中，又可安排在拓展型课程或探究型课程中，实施的年级同样可根据实际需要进行灵活设置。这些都可在学情分析中具体说明，借此精准把握学生已有的知识基础与学习需求，进而合理安排教学课时，以有效落实跨学科教学的目标与任务。

（2）跨学科教学目标设计

跨学科教学目标设计遵循一般教学目标设计的原则与方法，具有整体性、层次性和操作性等特点。针对不同规模的教学单位，可采用认知目标表述法或行为目标陈述法等方式。此外，还要在整合三维目标和相关学科核心素养的基础上，凸显以下特征：

第一，强调能力导向或素养导向。跨学科教学绝非相关学科的简单拼盘，也并非将相关学科知识汇集作为主要教学目标，而是将运用学科关键能力或思想方法分析和解决真实情境中的具体问题作为根本目标，因此必然要以能力或素养为导向。

【案例】

桉树特性与澳大利亚森林火灾的生态互动机制

澳大利亚每年都在与森林火灾作斗争，其中2019年的情况尤为严峻。2019年9月，源于澳大利亚东南部的新南威尔士州的山火，在整个澳洲大陆迅速蔓延。这一情况牵动着全世界人民的心弦。

为何这场火灾会持续这么久？为何澳大利亚政府不采取行动以遏制火灾的蔓延？其实，森林火灾和地震、飓风一样，都属于大型自然灾难，其破坏力是人类难以抵御的。

另外，也有学者表示，在澳大利亚，有几种被称为“火鹰”的大鸟，它们会通过“纵火”的方式捕捉猎物。《国家地理》杂志曾专门刊文称，黑鸢、褐隼等猛禽已经学会在澳大利亚的草原上“放火”。这几种猛禽会想办法找到一小根正在燃烧的树枝或其他细小的燃烧物，然后叼着这些燃烧物，将其扔到干燥的草原上，从而引发“野火”。那些藏在草丛中的昆虫、爬行动物和小型哺乳动物，为了逃离大火，纷纷从它们的藏身之处逃出。此时，这些猛禽就会借机捕猎。

此次森林火灾还与澳大利亚的国树——桉树有关。桉树是澳大利亚分布范围最为广泛的树种，也是一种既极易燃烧又不怕烧的树种。桉树的树叶和树皮中富含油脂，并且它们极易脱离，这使得桉树在遇到火源时极易燃烧起来。但桉树却不怕大火，因为桉树的树皮厚实且具有绝缘性。火灾过后，新芽会从树皮中钻出来，它的种子也会在火灾之后发芽。而且，燃烧后的土壤变得格外肥沃，非常适合桉树生长。桉树凭借着这种生存策略，成功地淘汰了澳大利亚的其他树种，进而成为澳大利亚森林中的主导树种。

（上海市南洋模范中学　高立洋）

第二，体现跨学科的观念或方法。跨学科教学因综合且复杂的现实问题而产生，分析与解决现实问题的视角和方法也必然是综合且复杂的。因此，跨学科教学目标应体现为运用跨学科思维分析与解决问题，从而形成并增强跨学科的价值观念，提升核心素养。例如，生命科学学科中由所有生物与环境共同构成的统一整体即生态系统，以及地理学科中由各地理要素构成的地理环境的整体性，就蕴含着跨学科的思想与理念，需要运用综合思维、辩证思维、科学思维等方法加以认识和分析。

在完成跨学科目标设计的基础上，还要相应地进行跨学科教学重难点设计。

【案例】

丹顶鹤去哪里越冬

一、背景说明

古人云：“意在笔先，如风行水上。”对初三年级跨学科教学来说，案例主题的选择至关重要。《上海市中学地理课程标准（试行稿）》明确提出，初中阶段要注重培养学生关心世界、中国和本地区地理问题的习惯，树立可持续发展观。随着经济的飞速发展和工业化进程的加速推进，我国走出了一条中国特色社会主义的生态文明建设道路，其间涌现出无数成功案例。例如，2019 年盐城黄海湿地申遗成功，是践行习近平生态文明思想的重大成果，既彰显了国际社会对中国生态文明实践的广泛认可，也开启了我国生物保护从陆地走向海洋的新境界。

盐城黄海湿地拥有世界上规模最大的潮间带滩涂，能为数以百万计的迁徙鸟类提供丰富的食物资源，是丹顶鹤等珍稀濒危候鸟无可替代的自然栖息地。由此可见，对立足生态文明建设的盐城黄海湿地进行探究，不仅能提升学生的学科思维品质，还能促进学生培养跨学科知识迁移能力。

如何创设跨学科学习契机？《指导意见》明确提出："教师应积极探索基于真实情境、问题导向的互动式、启发式、探究式、体验式等课堂教学，注重加强借助单元设计、项目设计、课题研究、研究性学习、综合实践活动等跨学科的综合性教学。"目前，黄海盐城湿地是全球最大的丹顶鹤迁徙越冬地，而丹顶鹤又是对湿地环境变化极为敏感的指示生物。因此，本节课将"丹顶鹤去哪里越冬"作为跨学科主题探究内容，引导学生从地形、土壤、气候、水等方面概述区域自然环境特征，并借助食物链，认识盐城黄海湿地复杂的生态系统及其整体性和平衡性，进而发现丹顶鹤栖息地存在的生态环境问题，并提出合理建议。为营造愉悦、积极的学习氛围，本节课尝试采用角色扮演的方式，将主题情境线贯穿教学全过程，特别关注学生"相异构想"的发现与解决。

二、教学目标

1. 学会结合地图和丹顶鹤习性，分析不同区域的自然环境特征，精准辨析丹顶鹤越冬地的选址依据。

2. 绘制丹顶鹤的食物链，列举生态失衡可能引发的后果，认识盐城黄海湿地复杂的生态系统，感悟生态平衡的重要性。

3. 通过浏览图表、资料等，发现影响丹顶鹤越冬种群数量变化的因素，并据此提出合理建议，将生态文明意识巧妙渗透其中。

三、教学重点与难点

1. 教学重点：着重阐释盐城黄海湿地适合丹顶鹤越冬的地理环境特征，以及复杂的生态系统和生态环境问题。

2. 教学难点：深入分析食物链与地理环境之间的相互依存关系。

（上海市静安区教育学院附属学校　盛丽芬）

【案例】

爱“打扮”的雷鸟

一、教学目标

1. 通过观察不同季节雷鸟进行配对的过程，识别情境中雷鸟的羽色与周围气候变化的关系，说出雷鸟随季节改变保护色的特征。

2. 分析特定地区的全年平均气温和降水量等情况，运用地理和生命科学等多学科知识，合理推测雷鸟在中国可能的分布区域。

3. 通过资料的筛选、整合和交流，运用地理和生命科学原理，举例说明雷鸟适应环境的特点，初步形成生物的形态结构、生活方式与其生活环境相适应的基本观点。

4. 运用所学结论，解释雷鸟不换羽色的原因，理解生物对环境的适应具有相对性。

二、教学重点与难点

1. 教学重点：初步形成生物的形态结构、生活方式与其生活环境相适应的基本观点。

2. 教学难点：理解生物对环境的适应具有相对性。

（上海市大同初级中学　黄钦贇）

（3）跨学科教学过程设计

跨学科教学过程设计需要关注教学资源、教学方法、教学流程和学习活动等方面的设计。教学资源可通过以非连续性文本为主的资料包、视频影像、实验过程、实物教具、信息技术等多种形式呈现。同时，要注意对资源进行精选与整合，并及时捕捉课堂教学中的生成性资源。教学方法的选择可采用问题解决、案例分析、实验探究等形式，或者采用类似地理学家和生物学家进行科学研究的方法。虽说教无定法，但仍需遵循学习的一般规律、分析与解决现实问题的一般思路、科学探究的一般步骤等，以推进教学过程。教学流程设计应清晰呈现各教学环节的逻辑结构与相互关系，其表现形式可根据跨学科教学主题、教学目标、教学方法等变量灵活调整。板书设计作为教学流程的可视化载体，需要通过图文编排实现知识体系的直观呈现和思维路径的动态追踪。

【案例】

"丹顶鹤去哪里越冬"的板书设计和教学流程

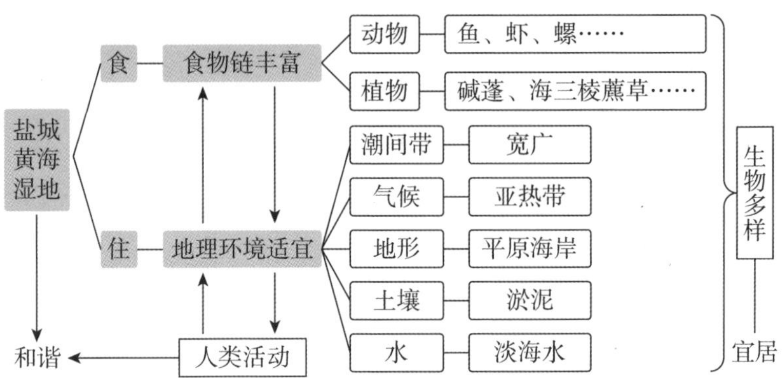

图 7－2 "丹顶鹤去哪里越冬"的板书设计

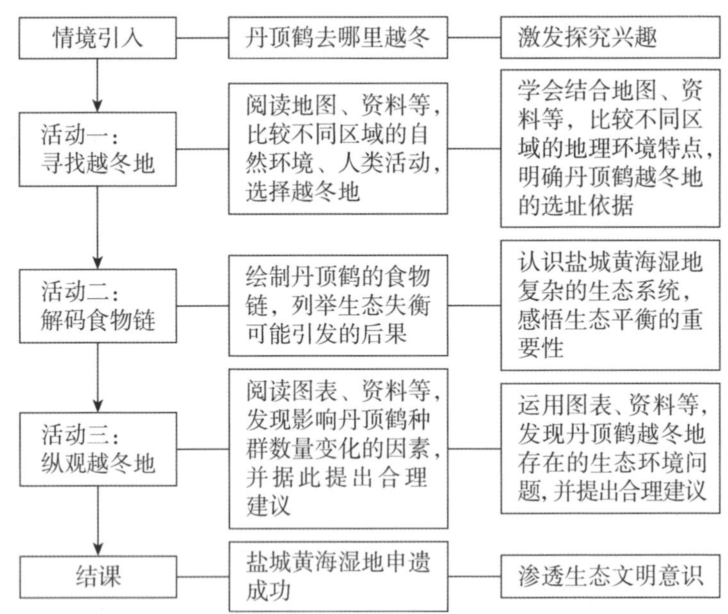

图 7－3 "丹顶鹤去哪里越冬"的教学流程

（上海市静安区教育学院附属学校　盛丽芬）

【案例】

“鸟鸣麦收的秘密”的教学流程

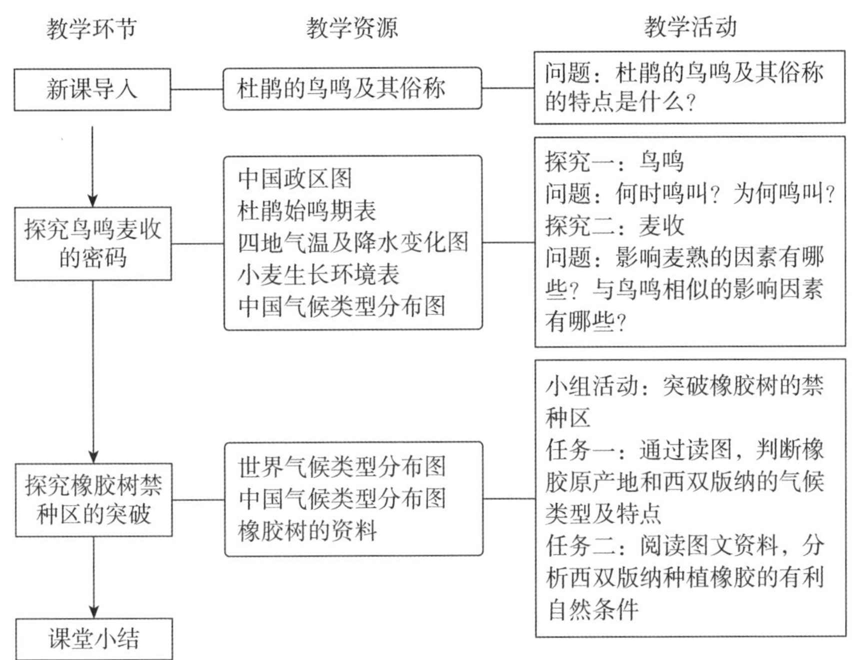

图 7-4　“鸟鸣麦收的秘密”的教学流程

（上海市园南中学　杨燕文）

其中，尤其需要关注的是学习活动设计。跨学科教学要求将复杂综合的现实问题，通过逐步铺垫，转化为学生可参与、可操作的学习活动。这样一来，学生便能在动眼、动手、动脑、动口等活动体验中分析并解决问题，以及提升能力与素养。从一定程度上说，跨学科教学的成效如何，更多地体现在学生的学习活动中，即跨学科学习是否在学生身上真正发生。比如，初中《生命科学》教材中“爱‘打扮’的雷鸟”这则案例，阐述了生物在长期进化过程中形成了适应环境的保护色这一现象。但是，为什么英国和爱尔兰的一种红雷鸟，在其一生中都从未出现过白色羽毛呢？要解释这个问题，自然需要联系地理学科知识，分析英国和爱尔兰的地理环境特征。同时，通过综合运用初中地理和生命科学学科知识和思想方法，进一步分析生物对环境适应的相对性，从而在跨学科学习过程中，加深对生物与环境关系的理解。如何将这一思维过程融入学生的学习活动设计，则是跨学科教学设计的核心所在。

接下来，我们看一个完整的案例教学设计。

【案例】

乡村寻味之庄行蜜梨

一、设计思路

本节课的内容选自《生命科学》第二册第5章“生态系统”第1节“生物与环境”中“生物与非生物环境的关系”及“生物与生物之间的关系”。根据《上海市初中生命科学学科教学基本要求（试验本）》，这一内容的学习水平为A级。本节课既整合了植物的繁殖器官——果实的一些内容，又涉及地理学科中中国地理部分的相关知识，如气候、上海市乡土地理、农业循环等。

初三学生已经完成了初中地理和生命科学学科知识的学习，具有相关的知识储备和一定的读图能力、问题分析能力，但对跨学科学习尚缺乏经验。

本节课以奉贤区特产——庄行蜜梨引出课题，旨在通过身边的真实情境，将学生的注意力和情绪高度集中于课堂。在学生对蜜梨有了简单认识的基础上，引导学生深入了解庄行蜜梨品质优良背后的奥秘。首先，组织学生认识庄行种植梨树的历史以及庄行引种的蜜梨品种——沙梨。其次，通过学习资料包，分析沙梨和其他梨子品种在我国的种植范围。然后，通过学习任务单和学生分析交流等形式，引导学生认识庄行蜜梨与庄行环境条件相适应的特点。最后，通过分析梨园中不同生物的种间关系，结合跨学科知识，分析“梨—鸡共作”对庄行蜜梨品质的影响，使学生意识到绿色生态种植的重要性，同时树立正确的环境观。

二、教学目标

1. 知道影响沙梨的非生物环境因素。

2. 能分析庄行适合种植蜜梨的原因。

3. 能概述梨园中不同生物的种间关系。

4. 能分析“梨一鸡共作”促进蜜梨品质提升的原因。

5. 感悟绿色生态种植的重要性，树立正确的环境观。

三、教学重点与难点

1. 教学重点：描述沙梨与非生物环境的关系；描述梨园中不同生物的种间

关系。

2. 教学难点：利用跨学科知识，解释庄行蜜梨品质优良的多方面原因。

四、教学准备

资料收集与整合、PPT 制作，以及准备学习资料包、学习任务单等。

五、教学过程

略。

（上海市奉贤区庄行学校 仇苗苗）

问题 22 如何进行跨学科作业与评价设计？

跨学科作业设计存在诸多创新形式，但要判断作业设计的实际效能，还需要对作业作出专门的评价。

1. 关注真实情境中开放性任务的创设

随着设计学习、合作学习、项目学习等新型学习方式的不断涌现，学习与现实世界、真实问题的互动日益成为教育改革的发展趋势。这种新型学习观对测评范式和路径产生了深远影响。未来的测评不再仅局限于考查学习者对特定领域零碎知识或孤立技能的掌握程度，而是更为关注真实情境中开放性任务的创设，强调采用与学习有机融合的过程性测评方式。新课标提出的核心素养也着眼于培养未来公民应对和解决复杂、不确定的现实生活问题的综合品质。初中地生跨学科教学尤其需要注重适切性，确保问题难度与学生能力和教学目标相匹配。

2. 通过跨学科练习和作业创编达成跨学科教学目标

对学生跨学科学习成效的考查与评价，离不开跨学科练习和作业这个载体。跨学科练习和作业是学生巩固所学跨学科技能、形成跨学科思想方法、展现跨学科思维，进而提升问题解决能力的重要保障。一方面，可与跨学科教学的主题设计相呼应，设计与主题相关的长周期作业；另一方面，也可与教学课时同步，设计用于落实课时教学目标的作业。同时，作业形式丰富多样，既可以是书面作业，也可以是实践活动作业，如收集整理资料、制作演示文稿、设计探究实验、拍摄微视频等。无论作业周期长短或形式如何，其目的都紧紧围绕跨学科教学目标，是跨学科教学的关键环节之一。

【案例】

基于初中生能力发展的跨学科教学情境创设

——以“阿根廷”一课为例

首先，展示相关图片，引导学生思考：与西班牙斗牛相比，潘帕斯草原上的牛有什么特别之处？其具备怎样的功能？牛排是牛身体的哪个部位？此外，还可以从牛的生理周期、牛肉富含的营养元素以及对人体的好处等方面设计问题。学生通过辨别图片，识别情境中的事物，培养信息提取与处理能力；同时，运用地理和生命科学原理，对问题展开分析或推断，培养问题分析与质疑能力。

其次，组织学生以小组合作的形式，深入分析“潘帕斯草原为什么有这么多的牛”。引导学生从知识整合的角度，结合牛的生物学特征，综合考虑地形、气候、土壤、河湖以及市场需求、冷链技术、交通方式的变化等，分析牛的生存环境。这一环节重在培养学生的综合分析能力，让学生学会从多角度分析地理现象并解决问题，从而提升问题分析与质疑能力。

最后，引导学生了解“潘帕斯”一词源于印第安克丘亚语，意为“没有树木的大草原”。历史上，西班牙移民曾大量砍伐森林，而如今当地人大力保护草原生态系统。此处，请学生为当地人提出几条合理建议。这一环节既将现实情境与历史情境相结合，又将潘帕斯草原、草原生态系统与人类活动相结合。学生通过探讨人类活动对生态系统稳定性的影响，认识到维持生态系统稳定性的重要性；同时，通过针对个人、社会和环境问题提出建议，培养结论阐释与创新能力，树立人与环境和谐发展的人地关系意识。

此外，还在“课后拓展作业”环节设计了“利用周末时间，前往超市进行小调查，查看能否买到阿根廷牛排。如果能买到，请与父母一起讨论牛排的做法，并制作出美味牛排”的任务。这一设计紧密结合学生的现实生活，旨在激发学生对地理的热爱，促使学生将课堂所学知识运用到实际生活中，真正学习到对生活有用的地理知识，培养地理实践能力。

（上海市民办金盟学校　杨红霞）

3. 评价是跨学科教学的重要环节

对跨学科教学活动中的要素、过程、结果进行价值判断，能服务于学生、教师、教育的发展。评价具有多个维度与多种方法，本书主要探讨对学生跨学科学习的评价。基于跨学科教学的主要目标与重点，将形成性评价与表现性评价相结合，重点评价学生在跨学科学习过程中获取信息、提出问题、分析问题、解决问题等思维的外在表达能力；同时，将终结性评价与传统纸笔测验相结合，对学生在新情境中运用跨学科思维方法分析与解决问题以及用书面语言表达的能力进行评价。此外，在跨学科教学的不同阶段，还可灵活选用多种评价方法，及时进行诊断和反馈，以调控教学过程。

【案例】

“爱‘打扮’的雷鸟”的跨学科课堂评价

1. 课堂表现评价表

表 7-1　课堂表现评价表

评价项目	课堂评价标准				评价结果			
	A 优秀 （85—100 分）	B 良好 （70—84 分）	C 合格 （60—69 分）	D 须努力 （0—59 分）	自评	互评	师评	总评
活动参与	对跨学科内容有浓厚的兴趣，积极参与各项课堂活动	对跨学科内容有一定的兴趣，积极参与各项课堂活动	对跨学科内容有兴趣，参与各项课堂活动	对跨学科内容有兴趣，参与部分课堂活动				

（续表）

评价项目	课堂评价标准				评价结果			
	A优秀（85—100分）	B良好（70—84分）	C合格（60—69分）	D须努力（0—59分）	自评	互评	师评	总评
思考交流	在交流中，善于表达个人观点，乐于倾听他人意见，能与他人交流看法并总结观点	在交流中，能表达个人观点，乐于倾听他人意见	在交流中，尝试表达个人观点	在交流中，不愿表达个人观点，或者不愿倾听他人意见				
问题解决	能灵活运用所学知识设计实验，以及分析和解决实际问题	能运用所学知识设计实验，以及分析和解决实际问题	能运用所学知识设计实验，或者在他人的引导下解决问题	不能运用所学知识解决新出现的问题				

2. 课堂评价

表7-2 课堂评价表

1. 你对本节课的整体评价是什么？ ○ 非常满意 ○ 满意 ○ 一般 ○ 不满意 ○ 非常不满意
2. 你最喜欢的授课内容是什么？为什么？
3. 在本节课中，你最感兴趣的内容是什么？
4. 在本节课中，你最大的收获是什么？
5. 你对教师的授课方式有何建议？
6. 你对本节课的授课内容是否满意？请说说你的意见和建议。

（上海市大同初级中学 黄钦贇）

初中地生跨学科作业与评价会产生大量数据，作业与评价设计得越完善，教与学的数据可信度就越高，教师越能精准洞察教学问题，以便基于数据开展更有针对性的跨学科教学活动。

问题 23　地生跨学科教学可以采取哪些策略?

策略是为达成目标,预先依据可能出现的问题拟定的若干应对方案。本书所指的策略,是在跨学科教学过程中展开的一系列行动选择。

1. 整体规划,有序实施

跨学科教学设计较为灵活,是在学生各学科学习基础上逐步形成的。因此,切不可盲目开展,需要在前期研究与思考的前提下,根据实际情况,提前对教学进行整体谋划与安排,以保证教学的有序实施。

比如,在不同年级开展跨学科教学,教学目标、教学内容、教学方法等各有侧重。若在多个年级连续实施,就需要考虑教学设计的连续性和层进性。当不同学科教师分阶段开展跨学科教学,或者多学科教师同时任教时,需要考虑教学重点与教学任务的有机融合。如果在基础型课程教学中以主题的形式穿插跨学科教学,也需要考虑跨学科教学与基础型课程教学之间的关系等。

由于教学实际情况不同,整体规划也不尽相同,但都离不开对教学时间、教学对象、教学内容、评价反馈等方面的合理规划。

2. 梳理案例,有效教学

跨学科教学设计的基本素材是跨学科教学案例,因此需要收集、积累、研究和精选案例,构建自成体系的教学内容,这样才能保证教学的有效落实。

此外,还要避免案例过度集中于一个或几个主题,造成跨学科教学的重复或相似。可从主题选择的广度、同一主题内的相互关联与适度巩固,以及基于学生的认知规律或兴趣等方面,梳理跨学科案例,从多个维度为学生提供分析与解决现实问题的学习体验,有效落实跨学科教学的目标与任务。

3. 提炼方法，触类旁通

跨学科教学的关键在于多学科思维方法的跨界融合，从而形成分析与解决真实问题的关键能力。因此，跨学科教学的重点并非回顾或巩固多学科知识点，而是在知识结构化的基础上，运用高于知识层面的跨学科思维方法分析与解决问题。教师需要关注案例分析方法的运用与提炼，帮助学生将某一案例的分析方法迁移到同类或相似案例的分析中，实现举一反三、触类旁通。

4. 关注评价，及时反馈

评价是推动教学不断改进与提升的有效手段。跨学科教学作为一种新教学形态，更需要及时借助课堂评价量表，对课堂教学进行有效反馈，并通过作业考查等方式，对学生的学习效果进行检测，以评估教学成效。特别是通过多样化的跨学科作业设计与实施，及时掌握教学动态，诊断教学行为，发现薄弱环节，改进教学设计，保证教学呈螺旋式上升，促进学生跨学科关键能力与素养的全面提升。

5. 深度学习，注重实践

深度学习是指在教师的引导和帮助下，学生主动参与、积极建构的学习过程。其核心目标在于推动学生高阶思维能力的发展。这一学习过程与跨学科案例分析在能力培养方面的要求高度契合，而深度学习的课堂又离不开精心设计的问题链。正如“科学和知识的增长永远始于问题，终于问题”这句话所言，通过设问、追问，学生能在解决问题的过程中，构建与问题相关的知识结构，并由表及里、层次清晰地分析问题，合理表达自己的观点。在跨学科案例分析的课堂上，教师要学会用问题引领课堂活动，以问题为纽带，引导学生通过自主探究或小组合作的形式解答问题，从而培养学生的独立思考和探究能力。在解决问题的过程中，把学习的空间和主动权切实交予每一个学生，让他们充分发挥主观能动性。

“纸上得来终觉浅”，学生解决复杂情境中实际问题的能力，需要经过长期且系统的培养。在新课标的引领下，在六年级和七年级的地理教学中，教师要有意识地将知识学习与实践活动紧密相连，开展跨学科主题的研究活动。比如，针对新课标提及的“探索太空”“二十四节气”“应对全球气候问题”等主题，有组织、有目的地引导学生开展实践活动。在这一过程中，学生借助学科知识，提出问题、搜集资料、论证问题，并对结果进行反思，从而真正提升自身能力。同样，生物学课标也提到了模型制作类、植物栽培和动物饲养类、发酵食品制作类等跨学科实践活动。期望学生能基于观察到的生物学现象或与生物学相关的现实需求，尝试提出需要解决的生物学或跨学科实践问题；同时，期望学生结合相关学科知识或生活经验，通过合作交流设计研究方案，解决问题，并运用适当的方式呈现实践结果，从而提升其综合能力。

【案例】

搭建论坛，探寻跨学科教学设计与实施策略

2024 年 11 月 28 日下午，上海市第四期“双名工程”基地巡展活动在上海市静安区教育学院附属学校（以下简称静教院附校）举行。本次活动的主题是“跨学科让教育多了一种可能”。

活动开场，静教院附校的地理教师盛丽芬带来了一堂精彩的公开课。这节课充分展现了知识的跨学科特性以及对学生能力的悉心培养。然而，所谓“台上一分钟，台下十年功”，为了呈现这节课，盛老师在背后付出了诸多努力。在正式授课前，她多次对课程进行打磨，广泛搜集了大量地理和生命科学学科的相关资料，并认真组织教学材料，开展教学设计。教学设计完成后，盛老师特意邀请地理教研员为其批课。在批课过程中，原拟定的教学题目甚至被完全推翻。于是，盛老师不得不重新进行教学设计、选取材料，并将教学主题确定为“丹顶鹤去哪里越冬”。第二次教学设计完成后，盛老师又邀请了上海市各区的知名教师，以及上海师范大学、华东师范大学的研究生，对其教学设计提出调整意见。在认真倾听各位专家的点评和建议后，盛老师再次对课程进行打磨，并多次试课。正是经历了这一过程，盛老师才能为大家呈现出这一精彩课堂。在“丹顶鹤去哪里越冬”这节课中，盛老师结合地图，从气候、地形、土壤、水等方面，概述了区域自然环境特征；借助食物链，引导学生认识盐城黄海湿地复杂的生态系统以及其整体

性和平衡性;通过读图表、资料等,引导学生发现丹顶鹤栖息地存在的生态环境问题,并提出合理建议。这一教学过程有效培养了学生的跨学科思维习惯,以及分析与解决真实问题的能力。盛老师借助三个课堂活动,巧妙地将地理和生命科学学科知识与能力融合在一起,生动开展了课堂教学实践探索。

教学结束后,活动进入论坛主题汇报环节。在这一环节,不同教师不仅交流展示了自己对跨学科的深入思考,还分享了许多优秀的跨学科教学案例,供大家学习借鉴。

主题汇报环节由原上海市师资培训中心副主任陈霞率先致辞。接着,静教院附校校长、上海市特级校长张人利和上海市民立中学副校长、上海市地理特级教师姚伟国,分别就跨学科教学作了精彩的主题汇报。

张校长围绕优化教学方式,从教学形式、教学内容、活动方式等角度,分享了他对跨学科教学的独到认识。谈及学校建设,张校长强调以学生为主体,详细介绍了静教院附校的办学理念。据了解,静教院附校新校园里的每一个角落、每一处细节,甚至每一面墙,都是张校长亲自设计的,其中融入了他从教三十多年的经验、理念和深刻感悟。

姚伟国老师则通过"'奋斗者'号成功坐底 10909 米区域的环境特征和生物种类",以及"为什么蒙古国 30000 只'捐赠羊'抵达我国用了这么长时间"这两个案例,揭示了生活中众多生命科学问题与地理环境、地理学科紧密相关。他表示,在跨学科教学初期,确实会产生诸多疑问。比如,学科知识相互不熟悉,该如何编制教学内容以及开展教学评价,案例又该如何选取等,这些都是地理和生命科学教师面临的难题。姚老师还指出,跨学科教学并非新话题,而初三地生跨学科案例分析题的考查才是新出现的情况。回归真实情境并解决生活中的实际问题,既是国家发展和社会的需求,也是学科发展的必然要求。姚老师结合生活地理的相关研究,以及民立中学的跨学科品牌项目,如"地上说政""屋顶花园"等教学实践案例,分享了自己的跨界经历。此外,基于对初中地生跨学科教学的研究思考,姚老师还提供了具有参考价值的案例,极大地激发了与会教师丰富的实践思考。最后,姚老师热情邀请大家加入地生跨学科交流群。

上海市静安区教育局局长邱中宁作为领导发表讲话。他对参与此次活动的各位专家和老师表达了诚挚感谢,并表示盛老师的跨学科教学展示令他深受触动。同时，邱局长阐述了自己对跨学科教学的相关思考。

华东师范大学教授、华东师范大学第二附属中学原副校长陈胜庆以学科专家的身份发表讲话。他深入分析了当前跨学科案例教学广受关注的原因，指出跨学科教学是初中学段课程改革的突破口，也是未来的发展趋势。因此，他建议大家关注社会和自然界中的真实问题，引导学生跨越学科界限，进行创造性的思考与探索。这对培养学生的创造性思维能力和实践能力具有重要意义。

之后，宋赛萍、范含信等多位一线教师分享了各自关于跨学科教学实践的经验。

本次论坛活动采用线上、线下同步进行的方式。线下参与教师涵盖学校行政教育管理者、科研工作者等，其中人数最多的是一线地理和生命科学两门学科的教师，有近200人；线上观摩人数更是达到2.5万人。一场涉及“中考15分”的论坛能吸引如此多的人关注，反映出社会各界对积极应对中考新政的“信息饥渴”状态。同时，也体现出在初中跨学科教学重新启航阶段，教育同仁们不仅对跨学科教学的案例设计、情境问题创设、实施策略及其效果兴趣浓厚，还对跨学科教学的价值、开展意义，以及对未来初中教育的转型发展充满期待。需要明确的是，如果对地生跨学科教学的探索和努力仅局限于“15分”，或者只是着眼于跨学科解题训练，那么对初中教育变革而言，无疑将是一场灾害。值得一提的是，本次论坛前期工作得到了陈胜庆教授、李慧教授、李冬昕教研员、曹嵘教研员、陆弘德教研员、李功爱老师、宋洁莲老师等专家和老师的大力支持。他们多次参与项目团队的跨学科教研活动，分享了各自的专业观点、学识与智慧，极大地提升了本次论坛的质量。

（上海市第四期“双名工程”“地理情境教学”攻关项目组）

问题24　跨学科教学设计有哪些主要原则？

学习设计是一种新型学习方式，而教学设计则是既古老又崭新的教学方式。教师们都会进行教学设计，但如何在新的教育领域设计符合时代需求的全新教

学，则是一个重要命题。要让教学设计更有章法、更具价值，就需要明确必须遵循的原则。地生跨学科教学也不例外。综合现有理论可知，情境性、活动性、融合性是开展跨学科教学设计时必须遵循的原则。

1. 情境性原则

跨学科教学设计需要从社会生活中的各类现象或问题出发，最终指向对这些现象或问题的阐释或解决。在这一过程中，现象或问题贯穿始终。因此，跨学科教学设计必须以社会生活中真实的现象或问题为载体，有目的地创设真实情境，在地理和生命科学学科的核心概念、思想方法、价值观念与社会生活之间建立联系，以彰显学习的重要意义。

【案例】

结合身边现实情境，开展以地理学科为主线的跨学科教学

在中学地理学习阶段，存在着一些普遍现象。比如，高中生往往忙于大量刷题以应对考试，而初中生则对地理学科缺乏足够的重视。同时，在学科教学方面，也存在着重知识传授、轻能力培养的情况。这就导致学生在课堂上学到的地理知识，在实际生活中难以运用，其实践能力相对薄弱。跨学科案例分析题的本质是培养学生综合运用学科知识解决实际问题的能力。基于此，笔者认为在日常教学中，可以从以下几方面开展跨学科教学：

一、借助时事热点，选取跨学科整合点，创设教学情境

教师要紧密围绕教材内容，以学科核心素养为基础，增强开展跨学科教学的意识。比如，可以有针对性地选择合适的教学内容进行学科整合。无论是某一节完整的课还是某个教学片段，甚至是某个具体知识点，都可以创设充满生活气息、具有时代活力的教学情境。设置 1—2 个开放性、综合性且基于真实情境的问题，将原本枯燥的文字知识转化为现实生活中生动具体的实例，引导学生积极思考、热烈讨论，强化学生对知识的体验，引导学生学会知识迁移与应用，从而锻炼思维能力，促进自身能力的发展。

二、利用拓展型课程，渗透跨学科思维，创设富有生活经验的现实情境

设计一些具有探索性的跨学科情境问题，如“校园植物探秘和介绍”“新疆哈

密瓜能否在上海种植”“为上海郊区的特色农业旅游设计线路和产品介绍”等，充分激发学生的探索欲，鼓励他们自主探究。这样的教学方式不仅能提升学生的地理思维能力、学习兴趣和创新能力，还能促使教师不断探索跨学科教学的新形式，丰富教学方法和手段。

三、开展跨学科案例分析，创设问题教学情境

初中地理课程开设于六年级和七年级，并在七年级期末进行学业考试，对学生的地理知识和思维能力进行考查。中考跨学科案例分析题则在两年后才出现。从教学可行性角度考虑，在不增加课时、不加重学生学业负担的前提下，可以在初三第一学期开设跨学科案例分析课，由地理和生命科学教师共同出题，精心创设有效的问题情境，通过层次分明的问题开展跨学科整合教学，帮助学生提升跨学科学习能力。

四、结合现实生活情境，开展跨学科实践活动

结合学校的劳动教育、春秋游、学农、暑期研学、小队活动等实践活动，渗透跨学科思维。教师提前设计好详细的活动任务单，从现实生活中的问题出发，引导学生在实践中进行自主探究和合作探究，提升他们的能力素养。比如，在“认知校园植物类型”“湿地生态系统探秘”“海洋知识和环境保护”等活动中，学生可以在上海市金山区的花开海上生态园里了解植物的生长习性以及与之相关的地理环境知识。在跨学科综合实践课程中，学生不仅能收获知识与能力，还能将所学知识应用到实际生活中，调整自己的行为方式，真正学到对生活有用的地理知识。这充分体现了跨学科实践课程的意义和价值，从而有效落实学科核心素养。

跨学科教学借助学科知识、方法和思维，有力推动了学生能力的提升。一线地理教师在日常教学中，应基于教材内容，融入生活情境，尤其是与生命科学相关的真实情境，如植物、动物、生态环境与保护等方面的内容。这对提升地理教师的自身能力具有重要意义。然而，跨学科教学也带来了一些挑战。比如，教学内容有所增加，目前又缺乏统一的课程内容和标准。在六年级和七年级学生知识结构尚不系统、全面的情况下，地理学科的教学要求和课时不变，且不能增加学生负担。那么，如何处理教材？不同学段、不同学科的跨学科教学应整合到何种程度？教学效果又该如何评价？基层教师在积极学习、尝试的同时，还心存疑虑，不敢轻易进行大规模的教学改革。在跨学科教学领域，既需要一线教师不断

实践和探索,也迫切需要更深入的理论指导和切实可行的实践指引。

（上海市民办金盟学校　杨红霞）

2. 活动性原则

学生是跨学科教学的主体,需要在创设的真实情境中亲身参与,体验分析和解决现实问题的全过程。因此,跨学科教学设计应遵循活动性原则,将学习过程转化为具体的活动。通过自主、合作、探究等形式,精心设计一组与分析和解决现实问题的过程相匹配的跨学科学习任务,让学生在多感官协同运用的行为体验过程中发展认知并提高能力。

【案例】

"校园绿化小当家"项目化学习方案

一、确定基本问题,编制项目活动环节

项目化学习成功的关键在于基本问题的设计。结合项目主题与目标、学情与校园文化,笔者将项目探究的基本问题设定为"我们的校园需要什么样的景观?"。围绕这个核心问题,设置单元问题。这些单元问题将在每个活动阶段推动学生不断探究问题。基于此,编制的项目活动环节见表 7-3。

表 7-3　"校园绿化小当家"项目化学习活动设计

单元名称	校园绿化小当家			
基本问题	我们的校园需要什么样的景观?			
项目阶段	单元问题	活动形式	活动名称	活动评价
项目前期	你了解城市绿化吗?	暑期调查	身边植物知多少	学习日志
项目中期	气候与植物有哪些联系?	课堂活动	上海的天气与气候	合作评价单
项目后期	如果让你来设计校园花坛绿化方案,你会怎么做?	课外合作	校园绿化小当家	评价量表、合作评价单

……

结合学校建校 23 周年的人文背景,整合地图比例尺、图例的知识点,教师对校园花坛设计方案提出了具体要求。

二、校园花坛设计方案的具体要求

1. 花坛设计范围：长 5 米，宽 5 米。（注：花坛形状可根据学生喜好自由设计）

2. 花坛植被选择：以草本植物为主，并且需要适应当地气候条件。（注：鼓励学生从身边常见植物寻找灵感）

3. 体现校园文化：植被的选择以及种植图案应融入校园文化元素。比如，向日葵象征着学生的热情、积极和朝气蓬勃，可选用校徽、红旗、文字、数字等元素进行设计。

4. 编写设计说明：需包含比例尺及图例说明。

5. 绘制平面效果图：要求手绘一张平面效果图，精准展现植物的分布情况和形态特点。

学生以自由组队的方式，利用两周时间完成校园花坛绿化方案设计。在此期间，地理教师通过钉钉推送“上海常见绿化植物图谱”等课程资源，为学生提供指导和跟进支持。

（上海市风华初级中学　李文博）

3. 融合性原则

当面对社会生活中的现实问题时，各学科之间原本清晰的界限往往会变得模糊。因此，要分析并解决这类真实问题，就要求学生具有跨学科思维习惯和能力。跨学科教学也需要凸显学科间的交融与合作，打破学科界限。教师应引导学生从地理和生命科学等视角看待问题，同时运用多学科知识分析问题，从而提升学生适应当今社会和未来社会的关键能力。

【案例】

帝王蝶的迁徙

一、现实情境

蝴蝶迷小明在参观上海自然博物馆时，被帝王蝶的绚丽色彩吸引。他上网查询得知，帝王蝶是地球上唯一能进行长途迁徙的蝴蝶。每年秋天，上亿只帝王蝶从美国东北部和加拿大南部启程，飞行几千公里，抵达温暖的墨西哥中部林区以越冬和繁衍，来年春天再飞回美国和加拿大。令他惊叹的是，帝王蝶的迁徙是由约四代帝王蝶用生命接力的方式完成的。在旅途中繁育了后代的帝王蝶很快死去，新生代接过“接力棒”继续完成使命。

他还了解到，墨西哥的冷杉和北美的乳草是帝王蝶赖以生存的植物。在迁徙过程中，乳草除了为它们提供食物外，还含有一定的毒素。吃了之后，会让它们变得有毒，从而有效规避天敌。同时，它们的天敌鸟类和鼠类进食之后，也会有不良反应。

可是近年来，墨西哥的冷杉被大量砍伐，致使帝王蝶的栖息地遭到严重破坏；美国大量开垦农田，滥用农药，导致乳草遭到严重破坏；加上气候变化造成的栖息地改变，导致其种群数量剧减。

二、核心问题

为什么迁徙？如何完成迁徙？我们要做什么？

三、活动设计

迁徙路线、目的是什么；如果不迁徙，会怎么样；动物如何适应多变环境；帝王蝶如何导航，以及与地球磁场的关系是什么；帝王蝶的身体结构如何适应长距离飞行；是否与气流有关；目的地与温度的关系是什么；造成生物多样性下降的原因是什么。

四、问题设计

1. 每年春季，帝王蝶大致向________（方向）迁徙。

A. 南　　B. 东南　　C. 北　　D. 西北

【跨学科分析能力】信息提取与处理能力，即在所获取的有用信息之间，建立符合学科逻辑的关联。

【正确选项】C

2.（多选题）在下列“□”中，用“√”选出导致帝王蝶种群数量逐年减少的主要原因。

□ 受到寒潮、飓风等气候灾害的影响

□ 栖息地的生态环境遭到破坏

□ 人类活动造成乳草数量减少

【跨学科分析能力】问题分析与质疑能力，即能找到支持探究问题的证据、数据或对数据进行合理的处理。

【参考答案】

☑ 栖息地的生态环境遭到破坏

☑ 人类活动造成乳草植物数量减少

3. 一项研究发现，过去 20 年，美国帝王蝶的数量锐减了 90%。请你就如何保护帝王蝶提出两条建议。

【跨学科分析能力】结论阐释与创新能力，即对与个人、社会和环境相关的问题提出建议或新的方案、观点的能力。

【参考答案】加大保护帝王蝶的宣传力度，提高人们的保护意识；禁止砍伐栖息地的森林；禁止滥用农药和杀虫剂；保护帝王蝶赖以生存的乳草等。（答对任意两点即可）

4. 帝王蝶和蝴蝶类似，都是____________（无脊椎/脊椎）动物，再细分可分为____________（节肢动物/腔肠动物）。

【跨学科分析能力】问题分析与质疑能力，即运用生命科学原理进行解析的能力。

【参考答案】无脊椎；节肢动物

【试题解析】蝴蝶属于无脊椎动物中的节肢动物。

5. 帝王蝶能经历这种漫长的迁徙，主要是因为(　　)。

A. 自我保护能力强、繁殖能力强

B. 具有内骨骼，可以支撑身体

C. 身体分节消化道发达

D. 没有天敌

【跨学科分析能力】信息提取与处理能力。

【参考答案】A

【试题解析】根据材料，不难发现帝王蝶在迁移过程中需要好几代去完成这样一个大工程，因此符合节肢动物繁殖能力强这一特点。

6. 假如墨西哥的冷杉和北美的乳草因人类肆意砍伐以及土地污染而慢慢减少，那么在这个生态系统中，谁受影响最大？为什么？

【跨学科分析能力】问题分析与质疑能力，即运用生命科学原理进行解析的能力。

【参考答案】帝王蝶。因为冷杉和乳草是帝王蝶的主要食物来源，一旦其数量减少，那么帝王蝶的食物也会减少，从而导致帝王蝶的数量减少。鸟类和鼠类并非仅以帝王蝶为食物来源，因此不会受到影响。

【试题解析】本题的主要考点是食物链中一种物种的减少会对整个食物链造成影响。

（上海市奉贤区平安学校　邹好冬）

第八章

生活即教研、科研

——跨学科教学研究中的人和事

问题 25　如何开展地生跨学科教研活动?

我们通过教师访谈了解到,目前教师在应对跨学科教学时面临诸多困难,由此提出地生跨学科研修的初步建议。

跨学科案例分析对教师的跨学科知识与技能提出了严峻挑战和更高要求。这种知识挑战并非仅局限于掌握其他学科知识与技能,还涵盖了如何进行跨学科教学设计、如何开展跨学科活动、如何创建跨学科特色课程等方面。因此,对区域或学校来说,要根据实际情况,完善管理机制,促进教师团队合作开展跨学科教学研究,以避免学科教师仅凭个人经验对跨学科教学进行主观臆断或毫无根据的拼凑内容。学校可以组建多学科、跨学校的教研联合体,借助学科间和学校间的横向联系,寻找跨学科教研合作的切入点,助力跨学科案例分析资源库建设。同时,学校应制定清晰明确、切实可行的规章制度,明确阶段性、校本化跨学科教研目标,发挥管理机制的支撑作用。

为更清晰地了解各区、各校、各团队的教学研修形态和进展情况,以便借鉴其中的经验和实践案例,完善自身的方案,我们对上海跨学科研修进行了简要"扫描"。由于无法做到全面覆盖,许多民间的跨学科教学智慧、跨学科教学研修智慧仍有待进一步挖掘与分享。本书仅呈现其中的一部分。

自上海中考新政颁布以来,各区、各校开展了形式多样、规模不一的教研活动,其聚焦点集中在跨学科案例选择和呈现、课堂教学设计和评价、教研组织和开展三方面。搜集云端教研信息,开展跨学科教研实践,创新教研内容和形式,是大多数跨学科项目研究团队的思考与实践重点。

其中,通过搜集云端教研信息,可以知晓上海的研究近况,便于集思广益,然后再基于自身实际情况和学校学生的现实状况,开展个性化的跨学科教学。除了原上海市教育委员会教学研究室开展官方政策的宣讲讲座和上海市教育委员会提出的跨学科项目学校机制运作外,网络上的民间跨学科教研活动大致可分为以下五种类型:一是话题研修型;二是课堂实践型;三是课堂教学与论坛混合型；四是任务驱动型；五是专家讲座型。

1. 话题研修型

话题研修型跨学科教研活动主要是指学校备课组、教研组团队和区域联合项目组团队，就跨学科教学的某一话题展开讨论和交流，旨在解决跨学科观念认同、案例内容选择和教学应对策略思考等问题。

【案例】

一次关于跨学科教学的云端讨论

2020 年 4 月 9 日晚上，上海市闵行区地理学科骨干教师培养基地的全体学员再聚云端，针对前阶段完成的初中学科综合案例作业设计，展开了一场在线交流与分享活动。

素材一：上海市闵行区七宝第三中学的老师分享了以“澳洲森林大火”为主题的案例设计。她选用了澳洲森林大火产生的影响和造成森林大火的必要条件等内容组成文本，引导学生从森林植被和气候条件方面进行思考，促使学生辩证地看待问题，并掌握一定的火场逃生技巧。她认为，学生在学习了地理和生命科学学科的核心概念，并经历了实践体验和科学探究后，面对各种情境时，应具有跨学科思维习惯和解决真实问题的能力。此案例较好地把握了跨学科案例的关键特点。

素材二：上海市民办文绮中学的老师对《指导意见》进行了解读。她指出，在情境的来源、导入、呈现以及情境问题的提出与破解等方面，都应融入跨学科教学理念。基于此，她对发生在东非的沙漠蝗灾这一新闻素材进行了深入挖掘，从引起沙漠蝗灾的自然原因、沙漠蝗虫的习性与印度气候条件的关联、我国地形对沙漠蝗虫迁徙的影响等角度设计问题，令人耳目一新。

素材三：上海市闵行区第四中学的老师围绕“新疆瓜果特别甜”这一角度，阐述了她的设计思路。新疆位于我国西北内陆地区，具有气候干旱、光照充足、昼夜温差大的特点。这些独特的气候条件促使该地区的植物光合作用增强，这有利于瓜果糖分的积累。为辅助教学，她提供了乌鲁木齐全年气温曲线图和新疆地理位置图，引导学生从地理位置、气候特点、光合作用等方面分析新疆瓜果特别甜的原因。

素材四:华东师范大学第二附属中学附属初级中学的老师结合疫情,设计了跨学科案例。她从多个角度设计问题:在地理方面,考查了疆域与行政区划、河流与湖泊、交通运输方面的知识内容;在生命科学方面,考查了流行病传播的三个基本环节以及居家隔离的有效措施。此外,她还对评分细则作了详细的解释。

与会教师的总结如下:

首先,中心组教师、上海市罗阳中学教师对老师们的交流进行了点评。她肯定了几位老师选用的素材贴合当下时事热点,有利于激发学生的学习兴趣。同时,她建议教师应具备对地图进行加工处理的能力,便于学生能快速与文本内容建立联系;在文本内容处理上,要做到精简,提取有用的文本信息。此外,她还提出,教师在设计题目的过程中,不仅要考虑到学科特点,还要紧密结合时代背景,注重学科德育价值的融入。

其次,基地导师对老师们的发言进行了点评。他指出,教师通过多途径、多来源进行信息求证的过程,实际上也是对自身专业素养的一种有效提升。他建议,文本素材要简明、严谨、规范,语言要通俗易懂;提问要尽量使用陈述句,以减轻学生在答题时可能产生的压迫感;在地图选取和处理上,要考虑试卷中使用的灰度图特性;评分标准要做到清晰明确。同时,他还引导大家持续思考:案例的设问如何体现高阶认知和深度学习?

最后,基地主持人对本次活动进行了全面总结。他认为,命题作为一项具有高度科学性和严谨性的工作,需要重点关注四大环节,即素材选取、文本构建、问题设计和答案组织。针对本次交流的项目,他提出,跨学科案例的初衷是调用地理和生命科学学科知识,解决开放情境中的真实问题,因此问题的设计要做到形散神聚。在文本信息处理上,要削枝强干,突出重点和考点,避免冗长和无效信息的干扰。地图作为地理学科的基础工具,要进行清绘,注重信息的可视化和科学化处理,杜绝出现政治性问题。问题答案的设计要考虑学生作答的实际情况,符合学生的心理认知和知识基础,同时具有逻辑性和结构性,便于批阅。最后,他建议大家从解读课程标准、研读案例样例、提升地图处理能力和关注身边的地理等方面持续深入学习和积累,逐步提高命题水平,做到厚积薄发。

(上海市闵行区教育学院　周光明)

2. 课堂实践型

初中阶段该如何落实地生跨学科教学？大多数教学研究首先聚焦地生课堂教学这一主阵地，这也是跨学科教学面临的紧迫问题。其主要形式为：地理和生命科学教师进行备课、上课，随后专家予以点评。通过网络搜索发现，此类教研活动在早期开展得较为典型的案例有上海市园南中学的“鸟鸣麦收的秘密”、上海市鞍山实验中学的“生态系统复习课”、上海市卢湾中学的“设计‘大山’”以及上海市奉贤区平安学校的“进‘基’的无花果”等。

【案例】

进“基”的无花果

一、教学任务

本节课以“全球首批无花果航天育种苗被栽种到四川威远”这一现实场景作为教学情境。“进‘基’的无花果”这一主题，既直观反映了无花果航天育种苗进入威远种植基地这一社会热点，又暗示了太空诱变育种促使无花果基因进化的科学内涵。

在案例教学中，学生通过市场调查、太空育种、基地试种、种植增产四个教学环节，归纳无花果增产的主要方法，同时结合相关材料，运用地理和生命科学学科知识，完成无花果市场调查、种子品种质量鉴别、试种基地区位选择、种植增产措施提出等任务。这些任务分别对标跨学科案例分析中的图表阅读、对照试验、区位分析、措施提出等热门题型，旨在全面提升学生的跨学科能力，培育学生的科学探究素养，引导学生认识到科技对生产生活的促进作用。

初三学生已经经历了地理和生命科学的完整学习，具备一定的学科基础知识与基本技能，并且积累了跨学科学习及一模检测的经验，正处于跨学科能力形成的重要阶段。因此，在教学设计中，教师采用较多开放式探究活动。同时，鉴于学校学生基础相对薄弱、思维能力不足的情况，教师要提前做好预设，搭建思维提升的阶梯，积极开展激趣和引导工作。

二、教学目标

1. 通过对图表信息的提取与处理，分析我国无花果市场的供需关系。

2. 思考衡量无花果品种优劣的标准，并设计对照试验以筛选出优质种子。

3. 结合地理和生命科学学科知识，选择合适的无花果试种基地，并归纳区位分析的角度。

4. 根据材料，从种植技术角度提出太空无花果增产提质的有效措施。

三、教学重点与难点

1. 教学重点：对无花果种植基地的区位条件进行对比分析；从种植技术角度提出太空无花果增产提质的有效措施。

2. 教学难点：设计对照试验以筛选出优质种子。

四、教学技术与学习资源应用

1. 学生活动器材：活动单。

2. 教师展示物品：无花果。

3. 自制希沃白板课件。

五、教学流程

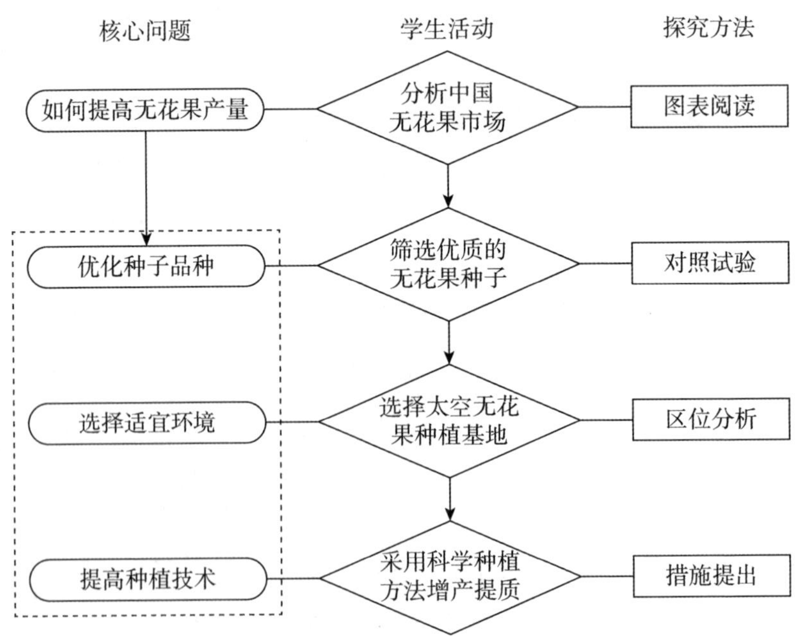

图 8-1　教学流程

六、教学过程

略。

七、教学反思

本节课以中国承办世界无花果大会的新闻作为切入点，从分析中国无花果市场的供需关系视角，得出产量低、供不应求的结论，从而引出“增加产量”这一主线。后续，教师逐步引导学生开展设计对照试验以筛选出优质种子、通过区位分析选择合适的种植基地、结合种植技术提出增产提质的措施等活动。这些活动由易到难，结构上是比较清晰的。在教学设计中，设置了三个认知冲突，即我国无花果产量低却能举办世界无花果大会、三个无花果种植基地各有优劣但太空无花果却落地四川威远、实验数据中产量提高但果实品质降低。这些认知冲突有效激发了学生的学习兴趣，也提升了学生的思维能力。此外，课件使用希沃白板制作，利用其“地球”工具切换地图底图，能直观地呈现相应的地理要素。活动单设计布局合理，充分挖掘了各类图表资料的价值。在教学过程中，给予学生充分的思考和交流时间，注重对学生的理答。

但是，本节课仍有许多不足之处。从学生课堂参与情况看，有一个小组未获得发言机会，且各小组中回答问题的多为少数思维敏捷的学生，未能充分关注基础薄弱的学生，没有让不同层次的学生都能充分参与思考和交流。部分教学环节的衔接不够自然，没有充分考虑到学生的接受逻辑。比如，以“世界无花果大会”导入新课，目的不够明确，未清晰阐述其与核心问题“增加产量”之间的关联，并且从导入到活动一，在从感性到理性、从生活化到考试化的过渡上显得突兀。板书和结课环节可进一步优化，应将教学过程中的思维推演过程外显，呈现思维发散的路径。在教学设计逐渐优化的过程中，也要注重整合部分教学目标，完善目标的维度。

（上海市奉贤区平安学校　邹好冬）

3. 课堂教学与论坛混合型

如何让跨学科教研活动的受众面更广，使教研方向达成共识？课堂教学与论坛混合型教研是较为常见的一种形式，它具有规模大、品质高等特点。其主要形式为课堂教学展示、论坛分享交流，以及专家和官方给出建议。通过查阅网络资料可知，在这类教研活动的早期研究中，比较典型的有上海市大同初级中学举办的跨学科教学主题研讨论坛。

【案例】

新中考·新探索·新发展

——上海市大同初级中学素养导向下跨学科教学展示研讨会

积极探索跨学科教学,不仅是深化课程改革的关键方向,更是优化育人方式、提升学生核心素养的重要路径。为进一步发挥评价改革的导向作用,推动中考改革背景下的初中教学研究,深化学校课程领导经验的推广与辐射,2020 年 11 月 18 日,“新中考·新探索·新发展——上海市大同初级中学素养导向下跨学科教学展示研讨会”顺利举行。

一、跨界教学,突破壁垒

在教学展示环节,上海市大同初级中学的黄钦贇和吴波两位老师,为大家呈现了两节精彩的地生跨学科教学课程,充分展现了学校在跨学科教学研究方面取得的阶段性成果。

黄钦贇老师以“爱‘打扮’的雷鸟”为课题,通过创设雷鸟爱“打扮”的生动情境,开展主题式跨学科教学,以精心设计的问题驱动学生主动学习。在课堂教学过程中,她高度注重培养学生的跨学科思维,以及致力于提升学生的综合能力。各个教学环节紧密围绕核心观念的形成,巧妙融入生命教育,让学生在获取知识的同时,实现情感与价值观的升华。

吴波老师则以“青藏高原地区”为课题,将生物与非生物环境的关系作为学科间的结合点,以青藏高原独特的地理环境对动植物及人类活动的影响为主线,开展融合式跨学科教学,扎实落实学科教学基本要求。

二、交流研讨,且行且思

在教学研讨环节,两位执教教师就展示课的设计思路、问题推进过程以及对跨学科教学的深刻感悟等内容,与参会人员进行了深入交流。他们的分享,为如何在基础型课程中探索跨学科教学,作出了生动的实践诠释。

地理学科教研员随后进行了精彩点评。他指出,跨学科学习特别强调问题情境设计。跨学科教学遵循的并非传统教的逻辑,而是学的逻辑。因此,教师应当从学生学习的视角思考教学策略。他建议,教师在深入开展跨学科教学研究的基础上,同步进行跨学科命题研究,以便更好地把握教学方向,提升教学质量。

三、校长论坛，共享经验

在校长论坛环节，三位校长先后分享了各自学校在跨学科教学领域的实践探索与宝贵经验。

上海市大同初级中学的校长以“从心动到行动　从卷入到投入”为题，从跨学科的基本认识、实践探索和机制保障三方面，详细讲述了学校开展跨学科研究的心路历程。无论是跨学科教学方式的确立、跨学科教学目标和内容的梳理、跨学科教学设计流程的思考、跨学科作业的设计，还是五项机制保障措施的实施，学校都积极主动地行动起来，在努力变革课堂教学模式的道路上不断砥砺前行。

上海市延安初级中学的校长以“破冰之行——基于统整视角的跨学科项目实践”为题，围绕“缘起：从话题到问题”“项目落地：从酝酿到设计”“项目生根：从意识到课程”三方面，重点介绍了学校进行跨学科作业设计的探索经验。

上海市教育学会宝山实验学校的校长以“让跨学科教学跨得了、跨得出、跨得好”为题，从建构以学为中心的底层结构、聚焦教学五环节的行为改进、升级学校管理的组织与机制等方面，阐述了自己的深刻思考与积极探索。其中，他提出的把跨学科教学变成一种常态，并进行进阶性教学设计等理念，给参会人员带来了诸多启示。

四、专家点评，共谋未来

专家对跨学科教学实践的操作路径提出了极具建设性的建议：首先，要精准寻找学科之间的知识或信息交叉点，在学科之间建立内在联系；其次，基于梳理出的交叉点或连接点，形成相应的专题；最后，进一步丰富和拓展相关学习材料，引入与生活息息相关的教学场景，使教学更优质、更高效。

专家强调，对于跨学科教学研究，我们才刚刚起步，未来还有很长的路要走，需要作更深入的探索。专家认为，学科是人为加工形成的封闭、规范、标准化的知识体系，其优点在于系统性、结构性和标准性，但最大的缺点在于容易脱离真实世界。倡导跨学科教学，就是要求教师从现有的学科知识体系中走出来，回归现实世界，让学生解决真实问题，寻求一种更开放、更多元、更灵活的教学方式，并让学生在课堂中亲身体验知识建构的过程，自主进行领悟、思考、判断和分析，从而真正实现知识内化和能力提升。

（上海市大同初级中学）

4. 任务驱动型

如何才能让更多的地理和生命科学教师在研修活动中，不仅对跨学科教学有一定的认识，还能以主人翁的姿态主动参与研修？设计一项以跨学科案例教学为主题的专项技能评比，是一条高效的研修路径。

【案例】

某区中小幼教师教学单项技能评比方案

一、参赛内容说明

（一）试题编制

1. 结合上海市教育考试院提供的样题进行试题编制。注意：材料字数合理、图文搭配协调、设问方式巧妙、能力考查适宜、表现形式恰当等。

2. 将编制好的试题附在《××年某区中小幼教师教学单项技能评比说明》之后。

3. 交流时间为5—7分钟，专家提问时间为3—5分钟。建议：制作PPT，交流时突出设计试题的亮点与特色，并对试题编制的思路进行阐述。

4. 彩色景观图需要进行灰度处理；相关地图尽可能重新绘制，突出与试题相关的地理要素。提示：生命科学教师可以选择地理教材和图册上的相关地图，并对其中需要表达的要素进行说明。

5. 命题必须为原创，不得抄袭。若发现抄袭行为，将直接取消比赛资格。

（二）教学设计

1. 立足地理和生命科学两门基础学科开展教学设计。

2. 递交完整的教学设计，包括设计意图、教学流程、教学目标、主要环节、特色阐述等方面，并附于《××年某区中小幼教师教学单项技能评比说明》之后。

3. 交流时间为5—7分钟，专家提问时间为3—5分钟。建议：制作PPT时重点突出、条理清晰，切忌全是文字表述。

（三）活动设计

1. 围绕跨学科主题，开展综合实践活动设计。

2. 递交完整的综合实践活动方案，包括指导思想、活动目的、活动内容、特色说明等方面，并附于《××年某区中小幼教师教学单项技能评比说明》之后。

3. 交流时间为5—7分钟，专家提问时间为3—5分钟。建议：制作PPT时重点突出、条理清晰，切忌全是文字表述。

二、参赛流程说明

根据原上海市教育委员会教学研究室的要求，本次评选设置一等奖2人、二等奖3人、三等奖3人，共8人。因此，决定先通过中心组集体评议的方式，从中遴选10人参加最后的等级评比。

三、参赛时间说明

月　日（周　）前，　位教师递交材料。

月　日（周　），中心组进行评审。

月　日（周　），提交专家评审。

月　日（周　），正式评审。

表8-1　××年某区中小幼教师教学单项技能评比说明

参赛学科：__________　　　　参赛序号：__________

姓名		所在单位	
教龄		职称	
学历		任教年级	
参赛内容（在方框内勾选，三选一）	□ 试题编制　□ 教学设计　□ 活动设计		
简述对跨学科教学的认识	【参考样例】 跨学科教学是以现实问题为导向的研究与实践范式，其依托两门及以上学科的知识体系开展创新性探索与系统性传播。这一教学模式强调运用整合性思维方法和系统性研究路径，致力于对复杂问题或课题进行多维度的认知解析和创新性解决。其核心价值在于通过学科间的协同创新，推动新知识体系的建构和新应用成果的转化，最终实现复合型创新人才的培养目标。 从教师专业发展维度看，跨学科教学研究对教师提出了更高的专业要求。教师不仅需要深耕本学科领域知识，还需要建立跨学科知识图谱，强化对学科交叉融合领域的系统性研究。在教学实践与学术探索中，教师应当主动搭建学科对话平台，促进知识体系的交互融合和创新思维的深度碰撞，以此拓展教学研究的广度和深度，实现专业素养与综合能力的全面提升		

(续表)

简述参赛内容的设计意图	【参考样例】 揭秘马背上的"古董"——普洱茶 背景研究:本课题源于学生日常生活中触手可及的茶叶,同时茶文化是中华优秀传统文化的重要组成部分。普洱茶不仅蕴含着深厚的普洱茶文化、茶马古道文化、民族文化和生态文化,还在2020年成为云南省脱贫攻坚的关键战场。普洱熟茶的诞生虽是偶然,但也激励着一代代茶农在追求普洱茶品质提升的道路上不懈探索与实践。 设计意图:通过本课题,引导学生深入了解普洱茶,运用地生跨学科知识,解决与普洱茶相关的实际问题。 问题设计:1.注重认知能力的培养,从宏观的空间概念题拓展到微观的组织结构题;2.强调知识的类比学习与梳理,如利用表格整理问题;3.注重问题设计的递进性和关联性;4.重视知识的归纳及其在生活中的应用;5.与时俱进,关注社会动态。 本节课旨在让学生在认识普洱茶丰富的文化内涵的同时,还能培养多角度思考问题的习惯,并初步形成跨学科思维能力

(同济大学附属澄衷中学　周一梅)

通过跨学科教学专项技能大赛评比,地理和生命科学两门学科教师不再局限于被动地"听",而是更多地体验跨学科教学中的理论学习、案例研制、阐述分享等一系列过程,感受其中的艰辛。从经历过程的痛苦到案例成形时的喜悦,再到分享后的专家点评,这一系列环节给教师带来的体验和感悟是全方位的。通过这样的创新研修,教师不但对跨学科教学的概念更加明晰,而且知道如何设计优质案例,清楚跨学科教学具体该如何实施,以及怎样诠释案例和分享跨学科教学的观点。

5. 专家讲座型

这类活动主要以高校专家、富有跨学科教学实践经验的资深教师开设讲座为主要形式开展,本书对此不再展开论述。

为应对新中考,初中地理和生命科学教师开展了丰富多样的教研活动,涵盖了主题、专题、微课题、微项目研究等方面。这些活动形成了备课组、教研组、中学、区域、高校等各个层面开展跨学科教学的图景，由于内容繁多，无法在此一一列举。但从摘取的部分片段可知，民间教研蕴含着丰富的教学智慧。随着上海市教育委员会、原上海市教育委员会教学研究室工作的稳步推进，以及在各方面逐步落实中考新政，未来跨学科教学的探索将会不断迭代，迎来 2.0 版、3.0 版、4.0 版等。但 1.0 版永远值得珍视，因为它是最初的探路者，为地理和生命科学教师以及基层学校提供了一些参考。

问题 26　教师团队如何探索地生跨学科教学？

教师团队开展教育改革的探索与攻关，应该是一个系统的过程。全面浏览所有的研修图景，有助于将相关经验迁移应用到学校、团队的研修活动中。

上海市第四期“双名工程”“地理情境教学”攻关项目团队（以下简称项目团队）自组建以来，一直关注中考新政给教学带来的挑战。跨学科教学无疑是需要攻关的一个教改领域。项目团队建立了核心团队，携手初中地理和生命科学学科的骨干教师和高校力量，从中考新政解读、地生学科关联以及教师和学校关注的问题的问卷调查设计等方面起步，通过云端情报检索、专家引领、微型论坛等方式，吸纳同仁的智慧，逐渐形成初步的思考。

项目团队开展的“1.0 版地生跨学科教研实践活动”的四部曲为：一是情报检索与机制建设；二是案例选择与编撰；三是云端开课与教研实践；四是实时跟踪与长远设计。

1. 情报检索与机制建设

项目团队与上海师范大学生命科学学院联手，组建了跨学科教学核心团队，致力于探索地理和生命科学学科的相关性和地生跨学科案例教学的落实点。在此之前，项目团队对中考新政推出的背景以及其目标有了较为清晰的认识，避免陷入“为考而研，为考而教”的误区。

地理和生命科学学科的相关性之前已有详述，这里不再重复。通过云端访问，项目团队了解到各层面对地生跨学科教学的研讨情况。其中，过程描述比较详尽的教研活动有上海市静安区教育学院附属学校的“丹顶鹤去哪里越冬”、上海市园南中学的“鸟鸣麦收的秘密”等，也有像闵行区的“项目支持下探索与提炼初中地生跨学科教学的路径和方法”这样的专题项目研究等。

【案例】

中考改革背景下跨学科案例分析的对策和思考

一、多渠道的教学资源共享

2019 年 6 月 6 日下午，上海市园南中学举办了中考改革背景下的初中教学研究项目——地生跨学科教研活动。园南中学的地理教师讲授了一节地生跨学科课程——鸟鸣麦收的密码。虽然我们组的教师未能参加此次活动，但借助上海教研在线平台，我们组织组内教师进行网上观课，随后开展了集体研讨。令人欣喜的是，我们发现这名教师的课程设计思路，与我们组之前探索的运用问题式教学，对教学内容进行筛选、整合与再设计，重新确立教学目标和课堂活动形式，有着诸多相似之处。

不过，这节课也给我们带来了诸多启发与思考：其一，运用问题式教学与单元教学设计，关注教学整体性，创设跨学科学习情境；其二，注重学习方法的渗透，不仅聚焦学科知识的结果，还关注学科知识获取的路径和方法；其三，课堂问题设计和任务单设计与跨学科案例分析相呼应。此外，教研员基于这节教学展示课，对地理和生命科学教师提出了几点建议：其一，日常教学应立足两门学科的基本要求；其二，实现教学方式变革，回归真实情境，旨在解决生活中的实际问题；其三，整合各方资源，如场馆资源、专业人士；其四，学科教师之间要加强交流，促进思想碰撞。

二、教研组的工作方向

教研员的这些建议，为我们教研组今后的工作明确了努力方向。无论是跨学科教研还是跨学科教学，我们组目前仍处于逐步摸索、不断尝试的阶段。在后续的教研工作中，我们将从以下几方面作出努力：首先，了解学生的学习需求，做好教学规划，整合多学科知识，积极开发跨学科课程资源；其次，推进跨学科听课与备课，促进不同学科教师之间的交流与合作，建设跨学科教研队伍；然后，在课堂教学和实践活动中，进一步强化和渗透跨学科教学理念，让学生在学习过程中逐渐形成跨学科思维，提升综合运用跨学科知识解决问题的能力；最后，摒弃单一的教学评价方式，实施多元化教学评价，从多个维度对学生的学习过程和成果进行评估。

虽然跨学科案例分析在中考中仅占一题，分值为 15 分，但这一题背后所蕴含的教育思想，如同星星之火，必将呈燎原之势，为教育之路带来全新的光明。

（上海市三新学校　马晓燕）

【案例】

项目支持下探索与提炼初中地生跨学科教学的路径和方法

2020 年 5 月 7 日，为切实落实新中考的精神和要求，深化课程与教学改革，着力培养学生的跨学科思维习惯，以及在真实情境中解决问题的能力，闵行区举行了地生跨学科教学项目启动会议。全区初中地理和生命科学教师参与了在线研讨学习。其中，生命科学教研员对初中跨学科案例分析的评价要求进行了详细解读，并结合地理和生命科学两门学科的期末试题展开具体分析。此外，生命科学教研员还指出，夯实教师本体知识是跨学科教学的首要任务。因此，建议教师在日常基础型课程教学中，紧密结合真实情境，渗透跨学科的探究学习和能力培养。

通过知网、地理教学等平台，项目团队阅读了《地方高校跨学科复合应用型人才培养的学科集群探究》《STEM 理念下初中生命科学跨学科教学的案例分析》等文献。由此，项目团队对地生跨学科教学及其推进策略有了较为理性的认识，进而撰写了项目课题申请报告，明确界定了跨学科教学的概念，制定了研究目标和内容，同时确立了研究分步探索的阶段目标和任务。

一、概念界定

跨学科教学是在课程统整思想的指导下，立足学科基础，基于学科的相关性、知识的共同性以及思维的共通性，将不同学科的知识、方法或思维能力等进行选择、加工和融合，并运用于相关领域，开展开放式、整体性、综合性的教学活动。

融合是指以初中地理学科为中心，在整合本学科资源的同时，还能尽可能广泛且有效地联系其他学科知识或资源，围绕共同的教学目标，对这些内容进行重新组合和构建，形成幅度小、结构性好、整体协调的新教学内容的过程。

二、研究目标

在深入理解中考新政的基础上，通过在初中地理课程中尝试开展跨学科教学实践研究，立足初中地理课程，基于学科的相关性、知识的共同性以及思维的共通性，开展开放式、整体性、综合性的教学活动，探索初中地理跨学科教学的路径和方法，从而梳理归纳出应对新中考改革的初中地理学科经验。

三、研究内容

首先，开展关于初中地理跨学科教学现状的问卷调查。通过对初中地理学科与其他学科的相关性分析，从地理跨学科教学的现状调查入手，探寻初中地理学科整合的突破口，为跨学科融合的案例设计提供依据。

其次，对地理学科进行跨学科融合教学层面的内容梳理。结合初中《地理》教材和课程标准，从学科核心素养、学科知识、能力要求等方面进行归纳，梳理初中地理与其他学科的契合点，明确跨学科研究方向，并为跨学科教学的实施策略提供相关建议，以便更好地开展跨学科教学设计与实践。

最后，开展初中地理跨学科教学实践。结合不同学科，初步归纳跨学科融合教学的实施策略，并在实践过程中不断修正和完善，以此形成可复制、可操作的实践经验。

（上海市闵行区教育学院　周光明）

2. 案例选择与编撰

在前期思考的基础上，项目团队还深入研究了《指南》。《指南》对初中地理和生命科学跨学科案例分析终结性评价的性质、目的和对象以及评价标准和评价的具体要求都给出了明确指示，同时对内容要求、试卷结构及相关说明进行了介绍。此外，《指南》还给出了地生跨学科案例分析题型示例“青藏高原”。这为项目团队的跨学科案例选择与编撰提供了明确的政策指引。

比如，在“分值与试卷结构”板块，《指南》明确提出：“综合测试笔试部分满分135分，其中跨学科案例分析部分满分15分。”

又如，在“题型”板块，《指南》明确提出：“跨学科案例分析终结性评价的题型以综合情境套题为主，一般由1—3个综合情境套题组成。情境套题中的题型包含有填空题、选择题、排序题、配对题、填表题、制图题、简述题等。”

再如，在“考试的形式”板块，《指南》明确提出：“跨学科案例分析终结性评价为闭卷纸笔考试形式，含试卷与答题纸。”

项目团队成立了由地理和生命科学学科教师组成的编写组，着手编撰《初中跨学科案例分析精讲》一书。项目团队选取了生活中的案例素材，对跨学科案例的类型和选择进行了明确分类。案例分类以物种篇、生活篇、人物篇、事件篇、政策篇、工程篇、现象篇为经，以现实情境、知识梳理、专题导读、拓展阅读、问题视角为纬进行梳理与编排。这样的分类方式能将纷繁复杂的现实世界、社会现象和问题进行清晰归类，便于进行知识解读以及知识与能力的迁移应用。合理的内容编排也有助于保证案例编撰的科学性、可读性、趣味性和导读性。此外，案例的试题设计也要尽量向《指南》的要求靠拢。

表 8－2　跨学科案例类型的梳理与分析

类型	现实情境	知识梳理	专题导读	拓展阅读
物种类跨学科案例	探雨林之魅，思保护开发	1. 南美洲 2. 亚马孙雨林动物 3. “地球之肺”的忧患	1. 热带雨林的分布 2. 生态旅游 3. “地球之肺”遭灾	阳光争夺战
	地球上的人，走协调之路	1. 人口超过1亿的国家 2. 影响人口分布的自然条件 3. 人体的结构层次	1. 人类的繁衍 2. 世界人口日 3. 人口增速变大的原因	人地关系的演化
	识美利奴羊，悟草原恩泽	1. 澳大利亚 2. 骑在羊背上的国家	1. 草场载畜量 2. 澳大利亚的特色生物	澳大利亚拥有古老生物的原因
	小小乳酸菌，健康大能量	1. 消化和吸收 2. 中国四大牧区 3. 美国乳畜带	1. 乳酸菌 2. 畜牧业 3. 保加利亚	1. 酸奶制作原理 2. 乐活族
	千里寻珙桐，白鸽展翅舞	1. 被子植物 2. 植物进化史 3. 西南地区	1. 野生动植物保护等级 2. 第四纪冰川	国家自然保护区

（续表）

类型	现实情境	知识梳理	专题导读	拓展阅读
事件类跨学科案例	台风过境带来海鲜盛宴	1. 中国的季风气候 2. 台风 3. 无脊椎动物	1. 海水养殖 2. 旅游业 3. 海鲜的营养价值	碳汇渔业
	太湖水体受到蓝藻污染	1. 湖泊 2. 工业（第二产业） 3. 藻类植物	1. 太湖 2. 水污染 3. 人类活动对湖泊生态系统的影响	生态工程
	亚洲鲤鱼入侵美国水域	1. 美国的河与湖 2. 生物入侵 3. 生态系统	1. 让澳大利亚人疯狂的兔子 2. 生物检疫（海关，法律条文）	我国的生物入侵与地理分布
	人类第一次拥抱了地球	1. 一个地球的概述 2. 七大洲四大洋 3. 人口迁移影响 4. 证明地球是球体的实例	1. 郑和下西洋 2. 哥伦布发现新大陆 3. 引种	哥伦布发现新大陆带来的物种交流
	中国小龙虾出征世界杯	1. 小龙虾“乘坐”的铁路 2. 动植物的生长习性 3. 形态结构与环境的相适应性	1. 中欧班列 2. 小龙虾	1. 虾稻共作 2. 虾稻共作，究竟给现有的农资生态带来了哪些改变？
	纵火鸟与澳大利亚火灾	1. 生物与生物间的关系 2. 鸟类 3. 南北半球季节相反	1. 二次灾害 2. 其他自然灾害（气象灾害、地质灾害等） 3. 生物灾害	蝗灾
人物类跨学科案例	屠呦呦：用中医药造福世界	1. 传染病及预防 2. 人体的免疫功能	1. 疟疾的病由 2. 疟疾的发病情况及地理分布 3. 青蒿素的来源——黄花蒿 4. 中药材地理	李时珍与《本草纲目》
	袁隆平：中国杂交水稻之父	1. 中国的耕地面积 2. 遗传和变异 3. 水稻的生长习性	1. 鱼米之乡 2. 全球粮食危机 3. 耕作制度	孟德尔遗传规律

（续表）

类型	现实情境	知识梳理	专题导读	拓展阅读
人物类跨学科案例	林奈：近代植物学的奠基人	1. 双名法 2. 生物的分类阶元	1. 地理大发现 2. 生物分类的基本方法 3. 古希腊人的分类尝试	《中国植物志》《中国动物志》和《中国孢子植物志》
	洪堡：自然地理学的创始人	1. 秘鲁寒流被命名为洪堡寒流 2. 等温线地图	1. 植物地理学的创建 2.《宇宙》简介	李特尔：人地关系的最早阐述人
	徐霞客：明朝最牛的“驴友”	1. 中国的地形 2. 山体部位 3. 喀斯特地形	1.《徐霞客游记》 2. 中国旅游日	郦道元与《水经注》
政策类跨学科案例	长三角发展规划	1. 沪宁杭地区 2. 我国工业分布的基本格局 3. 城市环境保护	1. 河流对长三角地区发展的影响 2. 生态系统生产总值 3. 生态红线	“绿色发展，保护生态”——粤港澳大湾区在行动
	崇明区土地规划	生态系统的功能	1. 长兴岛与横沙岛 2. 世界四大生态岛	崇明东平国家森林公园
	中国的海洋政策	1. 中国的领海 2. 海洋生态系统	1. 专属经济区 2. 三沙市与海洋资源	“蛟龙号”镜头下的深海生物
	生物多样性公约	1. 环境问题 2. 生物多样性的意义 3. 中国生物多样性现状及特点 4. 生态系统稳定性	1. 地球上五次生物大灭绝 2. 生物多样性下降的原因 3. 保护生物多样性措施	武夷山强制保护模式
	河长制与湖长制	1. 水系 2. 黄浦江 3. 淡水生态系统	青草沙水库	苏州河治理

（续表）

类型	现实情境	知识梳理	专题导读	拓展阅读
工程类跨学科案例	港珠澳大桥:见证桥梁强国的崛起	1. 珠江三角洲 2. 港澳与内地的密切联系 3. 交通运输方式	1. 人工岛 2. 区位条件 3. 中华白海豚	纽约湾区
	青藏铁路:推动青藏地区整体发展	1. 青藏地区 2. 人体循环系统	1. 我国的少数民族 2. "中华水塔" 3. 高原反应	1. 青藏铁路对话藏羚羊 2. 莫让生命线被切断 3. 咱这里,藏羚羊是老大
	北京大兴国际机场:凤凰展翅飞翔	机场的选址	1. 京津冀地区 2. 雄安新区 3. 机场的绿色环保设计理念	海南文昌卫星发射中心
	南水北调东线工程:助力绿水青山	1. 南水北调中线、西线工程 2. 水质的简易测定	1. 水资源短缺 2. 微山湖区 3. 不同水质对水生生物的影响	西电东送
	中俄输气管道:一个里程碑项目	1. 天然气 2. 石油 3. 国际贸易 4. 大气污染与治理	1. 管道运输 2. 新能源	沿海核电工程
生活类跨学科案例	衣:关注我们日常生活穿戴	1. 我国商业中心的分布 2. 棉纺织工业的发展与成就 3. 棉花种植的分布 4. 棉花生长习性	1. 棉花生长和加工的有利条件 2. 全球棉花分布概况 3. 健康环保的彩色棉	1. 5000 多年的丝绸生产史 2. 桑蚕的主要产区 3. 精湛的桑蚕丝制造技艺 4. 丝绸产业
	吃:一年四季都有的葡萄干	1. 干旱的新疆 2. 影响农业的因素 3. 光合作用与呼吸作用	1. 晾房 2. 葡萄 3. 吐鲁番市	1. 上海种植葡萄的技术 2. 上海的葡萄 3. 一年四季的葡萄

（续表）

类型	现实情境	知识梳理	专题导读	拓展阅读
生活类跨学科案例	喝：感受布朗族的古茶文化	1. 西双版纳傣族自治州 2. 西双版纳茶区的自然条件 3. 茶园生态系统的分类	1. 中国的茶叶产区 2. 普洱茶	1. 古树茶资源的保护 2. 生态茶园模式
	食：秋天就是大闸蟹的味道	1. 节肢动物 2. 中国的湖泊 3. 渔业	1. 川菜的灵魂：郫县豆瓣 2. 营养与健康	欧洲也有大闸蟹
	住：凤尾竹林间的傣家竹楼	1. 中国的地形、气候 2. 中国的主要自然灾害 3. 竹子的生长习性 4. 中国地域文化	1. 竹子生长的有利条件 2. 全球竹子分布状况 3. 建筑与地理环境的关系	蒙古包——逐水草而流动的房子
	行：南船与北马的古代交通	1. 南方和北方的自然环境的差异 2. 中国的畜牧业 3. 内河运输与海洋运输 4. 脊椎动物与哺乳动物 5. 生物与环境 6. 草原生态系统、荒漠生态系统	1. 江南水乡乌篷船 2. 北方草原名种马	1. 水城威尼斯的贡多拉(Gondola) 2. 黄河古老的摆渡船——羊皮筏子 3. 面临失业的雪橇犬 4. 圣诞老人的座驾——驯鹿雪橇 5. 沙漠之舟——骆驼

3. 云端开课与教研实践

思考是为了行动，没有实践，就无法获得真知。2020 年，线上教学迎来了难得的历练契机。如何充分利用这次不期而遇的机会，探索整合跨学科案例教学的线上教学模式，成为项目团队的又一研究方向。在此期间，项目团队坚持停课不停研修与教研活动，团队成员先后在崇明、奉贤开设了三节线上公开课，取得了良好效果。

【案例】

“立夏见夏,万物繁茂”及其研修思考

一、线上教学的背景

项目团队的教师充分发挥网络教学的优势,积极投身于线上教学实践和研究。他们结合各自学校的特色,探索地理课程校本化、个性化教学模式。在这一特殊时期,借助线上教学的特点,创设学习情境,使教学更具趣味性、生活化,彰显了情境教学的价值。

上海市奉贤区肇文学校的陈前凤老师依托市级青年课题“新中考背景下基于节气文化开展初中地理跨学科实践活动的行动研究”,开展了一系列富有特色的节气文化活动,为本次云端公开研讨课和教研活动奠定了良好基础。

二、课前准备

顺应立夏节气,结合学校的节气文化特色课程,教师决定开设一节以“立夏见夏,万物繁茂”为主题的线上公开展示课。确定课题后,教师便开启了各项准备工作。

(一)通过钉钉平台建立班级

学校原本使用的晓黑板平台交流信息量较少,故而决定采用钉钉平台的视频会议功能开展教学活动。在学校领导、班主任和任课教师的支持下,教师在钉钉平台上创建了以六(1)班为主的肇文学校节气探究兴趣班。在利用钉钉平台的视频会议进行试播时,教师指导学生完成进入会议、开启声音和摄像头、共享窗口等操作。其间,教师播放一段“制作蛋套”的视频后,学生反馈视频没有声音。经检查发现,是在共享窗口时未勾选“共享电脑音频”。通过试播发现,学生信息素养较高,能迅速掌握钉钉平台的一些功能。同时,缺乏线上教学经验的教师,在试播时却难以解决某些技术问题。

(二)布置学习任务

2024 年 5 月 5 日是立夏,恰逢“五一”假期。节前,教师布置了两部分学习任务,让学生利用假期完成。一是观察天气与物候,要求学生收看或收听天气预报后,记录气温、天气、风向和风力,并观察周围动植物的特征;二是与家人共同参与立夏的传统习俗活动,如立夏秤人、亲子斗蛋和吃立夏饭等,并用文字、照片或视频记录活动过程。

（三）准备网络和设备

参加此次线上活动的有“地理情境教学”攻关项目团队、上海市静安区地理学科实训基地、上海市崇明区实验中学地理组、上海市崇明区裕安中学地理组、上海市民立中学地理组的教师，以及静安区和奉贤区的部分初中地理教师，听课教师多达100多位。鉴于上课学生和听课教师数量众多，我们决定采用学院较为稳定的有线网络、高速带宽，并使用学院自带有线网卡的笔记本电脑。

三、线上教研活动

“晴日暖风生麦气，绿阴幽草胜花时。”正如立夏时节万物蓬勃生长、枝繁叶茂，线上教研活动也开展得热烈而有序。此次线上教研活动由上海市静安区教育学院附属学校的盛丽芬老师主持。

首先是活动介绍，导师阐述活动目标。作为“地理情境教学”攻关项目团队的负责人，姚伟国老师指出，本次活动主要聚焦云端教学的状态，抓住线上教学契机，探讨在线教学与线下教学的差异、线下教学存在的问题能否在线上得到解决，以及哪些线下教学问题在云端教学中更为凸显等。

其次是教学研讨，教师代表各抒己见。在教学研讨阶段，陈前凤老师表示，这节课丰富了学校的节气文化特色课程；叶艳老师谈到这节课与基础型课程的结合点；汤俊彪老师从时效性、生活性、地理性和传承性等方面进行了点评；范含信老师从学科价值角度进行观课；宋赛萍老师则用感谢、变化、不变、收获和建议五个关键词表达了对课堂教学的评价。教师代表们的交流，极大地鼓舞了授课教师。

四、课后感悟

由于出现黑屏状况，无奈放弃互动效果较好的钉钉视频会议，改为通过钉钉直播的方式开展课堂教学。这一瞬间的决定颇具冒险性，因为肇文学校的学生一直使用晓黑板上课，从未接触过钉钉直播课，对直播界面完全陌生。回顾课堂上学生的学习过程，虽然互动环节比原计划减少，屏幕共享环节也被迫取消，但学生在互动中展现出的热情以及课后的交流，让授课教师深受触动。这表明学生的信息素养远超教师想象，此次教学真正实现了教学相长。

（上海市奉贤区肖塘中学　钱凤英）

4. 实时跟踪与长远设计

我们把跨学科案例教学的探索阶段大致分为三个阶段，为便于强化对各阶段的记忆，引用“登珠峰”的三个阶段名称来命名，即“过渡阶段”“前进阶段”“冲刺阶段”。2021 年之前的跨学科探索笼统称为过渡阶段，这一阶段的主要任务是搜集资料和研制案例，是全体跨学科实践者的摸索与准备阶段。2021 年初到初三二模考试期间被称为前进阶段，这一阶段的主要任务是选择案例和组织学习，是对初三地理和生命科学教师的跨学科思维和智慧进行考验的阶段。初三二模考试结束后是冲刺阶段，这一阶段的主要任务是案例重组和精准指导，引导学生进入跨学科教学体验的深水区，凸显学生反思能力的差异。

前期，实时跟踪主要针对地理和生命科学教师开展地生跨学科教学实践进行实时跟进、情况分析以及过程反思交流，跟踪范围可根据实际情况灵活调整。项目团队在不同阶段会选择不同的讨论专题，采用不同的方式开展研修。比如，之前开展了一次跨区域的云端教研活动，聚焦于二模考试结束后的地生跨学科教学和监测的阶段反思。

【案例】

一次跨区域的云端教研

一、教学文本或教学情境的学科偏向性

在跨学科教学设计中，部分教师在地理和生命科学学科的交叉融合方面仍显不足。以“一年四季都能吃到的葡萄”一课为例，其中教师普遍对光合作用应用知识点的介绍不够深入。在综合分析题中，地理和生命科学学科知识的交叉性和融合性较弱，往往是分开进行考查的。针对这一情况，教师提出采用双师制度，让地理和生命科学教师在专业能力上实现互补。

二、教学过程反思

上海市奉贤区庄行学校在教学过程中选择了独特的切入视角，采取分阶段、分模块的方式，对案例进行主题分类。同时，该校地理和生命科学学科知识的交叉性和融合性表现得较为突出。

三、跨学科教学评价能力

以上海市奉贤区平安学校和上海市民立中学为代表，教师对学生跨学科能力的评价较为客观、科学，他们能详细了解学生的学习情况，精准点拨学生的答题思路，并有效指导学生的答题方法。

此外，教师对考试题目的分析较为透彻、准确，题型罗列全面，且能较好地体现地生跨学科教学的特点。例如，上海市奉贤区平安学校针对开放性题型进行了深入分析。

（上海市民立中学　胡　彬）

【案例】

浅谈初三年级跨学科案例分析的命题思路和反思

——以上海市静安区教育学院附属学校的月考题为例

从上学期开始，学校地理和生命科学两门学科的4名教师，于每周五下午的第三节课，同步执教跨学科案例分析课。我们共同研究部分区的一模试卷以及学生的答题情况，学习上海"空中课堂"中的跨学科案例，开展集体备课，分工制作课件并持续改进教学。这学期，我们尝试编制了跨学科案例分析月考题。

一、命题思路

（一）源自实际生活，注重能力检测

《指导意见》强调："运用初中学生已掌握的地理和生命科学等学科的基础知识、关键能力对生产生活情境中的实际问题加以分析，以不同的学科视角审视问题，提高学生综合分析问题、解决问题的能力。"由此可见，跨学科案例分析的问题应源于实际生活，减少对学科知识的简单记忆考查，强调一定程度的深度理解和灵活运用。

基于此，我们特别留意日常生活现象。3月初，正值白玉兰绽放之际。白玉兰是上海市市花，且是上海最早开放的树种。通过查阅资料，我们了解到人民广场的白玉兰早在2021年春节期间就已开放。这一现象引发了我们的思考。于是，我们设计了第45题：今年上海的白玉兰提早开放的原因是什么？在提供的图文资料中，包含白玉兰的开花条件、春节期间的气温数据等，重点考查学生的信息提取与处理能力、问题分析与质疑能力。

（二）围绕核心素养，开展地生合作

为编制此次月考题，地理和生命科学学科的 4 名教师多次进行面对面的交流与合作。尽管我们的学科背景不同，教龄、年龄也有差异，但在不断的思维碰撞中，我们逐渐明确命题应围绕两门学科的核心素养。

比如，我们既可以从上海的经纬度位置进行命题，也可以让学生推测上海和其他城市早春时节白玉兰依次开花的顺序，以此体现学生地理学科核心素养中的区域认知和综合思维。编制这两道题，需要一张我国白玉兰分布图。于是，生命科学的王老师在植物智等网站上查询到玉兰标本分布热力图，进而制作出我国局部地区的白玉兰分布图。

又如，可以有针对性地考查学生对“花的结构与功能”“生物分类”的认知，关注生命观念、理性思维等生命科学学科核心素养的达成情况。

（三）设计开放问题，提升思维品质

身为地理教师，我对白玉兰先开花再长叶的现象感到好奇。通过查找资料，我发现其长叶所需气温比开花要高些。显然，这一问题与第 45 题类似，侧重于考查信息提取与处理能力，属于传统的封闭性问题，难以考查学生的结论阐释与创新能力。

当时，我们正在研究杨浦区初二年级跨学科案例中的车厘子问题。其中，最后一题是“车厘子是否适合在新疆种植？请说明理由”。该问题较为开放，能引导学生从不同视角和层面思考问题。受此启发，我们设计了“哪个省级行政区最适合种植白玉兰”这一问题。通过查阅我国主要城市气温曲线、降水量柱状图，我们发现哈尔滨的 1 月气温在－20℃左右，而－20℃恰好是白玉兰耐寒的极值。这一设计为学生提供了更广阔的思维空间，以及展示自身能力的机会与平台，有利于拓展学生思维空间，培养学生的创新思维。

不过，这是我们首次命制月考题，还有很多方面有待改进。

二、教学反思

（一）精简图文资料，渗透学科综合

本次命题注重考查学生综合分析问题、解决问题的能力。但不可忽视的是，相较于上海市教育考试院提供的“青藏高原”案例，我们的试题图表数量较多，包含景观图、分布图、天气报告、植物分类图解、哈尔滨气温曲线和降水量柱状图等。这些图表阅读量较大，并且鉴于跨学科案例与物理和化学学科知识共同组成综合测试卷，因此有必要精简图文资料，打破学科界限，同时在图表制作的过滤中也应渗透学科综合理念。

（二）研究开放性试题，把握解题思路

这份月考卷的最后一题“白玉兰适合在黑龙江省栽种吗”具有开放性，因此学生可从不同角度对同一材料形成不同观点。实际上，跨学科、开放性试题还可以采用不同的方法分析和解释同一现象，甚至在问题设置上不再单一指向某一知识点，而是要求学生灵活运用某一类知识作答。例如，上海“空中课堂”中的“从‘冻顶乌龙’到‘日照绿茶’”一课，给学生提供了多角度答题和思考的可能性，能综合考查学生对知识的掌握程度及解决问题的能力。后续，我们需要深入研究此类开放性试题，把握解题思路，提升命题质量。

（三）突出立德树人，增强社会责任

本次命题以白玉兰为主题，注重联系生活，运用地理和生命科学学科知识解决实际问题，也渗透了白玉兰作为上海市市花的象征意义。但相较于我之前执教过的“热带雨林”“丹顶鹤去哪里越冬”这两节课，其中的立德树人理念还有待凸显。细细回想，跨学科案例命题思想与跨学科案例教学紧密相连，应通过实际问题分析，从地理和生命科学的“因”推导出思政原理的“果”，在潜移默化中增强学生的社会责任感。

（上海市静安区教育学院附属学校　盛丽芬）

项目团队始终坚持不懈地探索跨学科教学。比如，针对上海远郊学校的教师参与跨学科教学研讨的机会相对较少这一现实状况，我们组织开展了跨区域跨学科教学探讨和跨学科实践活动。这一活动吸引了来自奉贤区、浦东新区、崇明区、嘉定区、青浦区等区的初中教师参与研修。其中，“云端地球日”跨学科综合活动是一场规模较大的区际、普高联动活动。这一活动的成功举办，赢得了同行们的肯定。此外，奉贤区、静安区、崇明区的工作室还针对跨学科课堂教学和图解跨学科展开了创新性探索。比如，“崇明蟹上高原”等课例给大家留下了深刻的印象。同时，借助上海市静安区教育学会的“城乡携手共进”项目，在上海市奉贤区奉城第二中学、上海市奉贤区平安学校开展跨学科专题的持续研修工作。以下案例便是其中的一次活动。

【案例】

普高协同,城乡携手,共研跨学科教学

在这节课上,胡彬老师凭借自身独特的风格,充分展现出精湛的课堂教学艺术。通过聆听胡老师精心筹备的课程,我们深切体会到他对课堂结构把控得游刃有余,逻辑严谨缜密。在教学过程中,胡老师对几段材料的选取与处理,彰显出其深厚的教学功底,也让我们从中汲取到许多新颖的教学方法与执教理念。

一、课程导入

在课程导入环节,胡老师借助九段沙的种青引鸟工程,创设了真实的问题情境;同时,通过抛出"互花米草会带来什么影响"这一问题,成功吸引了学生的注意力,促使他们聚焦于九段沙这片生态湿地,为后续对九段沙上互花米草和海三棱藨草的学习作铺垫。

二、新课讲授

新课讲授伊始,胡老师通过播放视频资料介绍九段沙的形成过程,为学生提供思考的切入点,激发学生的思考热情。随后,他提出"九段沙为什么叫'沙'不叫'岛'"这一问题,引导学生紧扣"沙"字进行深入挖掘,极大地激发了学生的学习兴趣。学生结合教师之前的讲解、资料阅读以及自身知识积累,积极思考并得出九段沙的地理位置及其成因。整节课上,师生互动热烈,教师的引导方式非常巧妙。

在任务一中,胡老师展示了海三棱藨草的生长环境、形态特征以及生态功能介绍,并设置了两道题目,让学生带着目标阅读材料并得出答案。不过,在引入潮涨潮落特点时,其衔接稍显生硬,应考虑选用更合适的话术以引导学生。在材料处理方面,胡老师充分考虑了当前年龄段学生的特点,采用填空连线的形式,让课堂充满趣味性,师生互动更为和谐。但经后续教师分析可知,有时材料处理不宜过于简单,适当增加难度有助于锻炼学生的思维能力。这就要求教师在处理材料时,做到合理分析,详略得当,分清主次。

在任务二中,胡老师利用九段沙湿地植被群落分布以及1990—2020年湿地植被变化折线图,带领学生逐步解读图表。在关键节点适时给出关键词,层层推进,展现出其扎实的教学功底。在此环节,可让学生思考回答三种植被占据空间的表现,而非由教师直接解答,以此锻炼学生的思维能力和读图能力。此外,引

导学生对资料进行归纳概括，可以促进学生间的良性竞争，从而提升他们从图表中获取有效信息并准确描述地理事物分布特征的能力。关于这部分内容，笔者有个小建议：可在此处加入互花米草和海三棱藨草的形态结构差异，深入分析互花米草具有入侵性的原因。

在任务三中，胡老师对比了辽中植物的生长特征，给出不同植物群落的种类和密度统计，引导学生思考海三棱藨草群落的破坏对当地生态的影响，进而引出生态修复内容。胡老师在此进行了合理拓展，让学生将九段沙的情况与崇明东滩的治理相比较，探讨能否借鉴并说明理由。此外，他还介绍了一种播种海三棱藨草的方法及需要注意的要点，让学生深刻认识到保护生态系统的重要性，树立人地和谐的价值理念。

三、立足当下，放眼未来

经过上述内容的探讨学习，学生对九段沙以及互花米草和海三棱藨草这两种植物有了初步了解。随后，胡老师通过展示1996—2020年九段沙面积变化图和九段沙湿地海岸工程分布图，引导学生观察湿地的形成原因，并通过设置开放性问题，培养学生的创造性思维，促使学生在对社会问题的探讨中树立生态意识。但由于时间有限，这部分内容未能充分展开，也进一步凸显了合理规划课堂时间的重要性。

四、总结

总体而言，这节课的学习框架完整且丰富，契合学生的知识水平和思维特点。同时，不同知识点之间的衔接自然流畅，从九段沙的地理位置、海草分布、特性、形态特征等，到引入互花米草以帮助建淤固滩，但又沦为入侵植物，再到对1990—2020年湿地植被变化折线图的分析，其间的过渡毫无违和感。此外，教学过程科学合理，从开头种青引鸟工程的引入，到最后九段沙生态环境保护的阐述，始终围绕生态环境保护这一核心展开，环环相扣，逻辑紧密。

（华东师范大学学生　杨中鹏）

进入冲刺阶段，项目团队需要深入思考一系列关键问题：怎样的案例能有效检测学生的跨学科思维与素养？如何进一步提升学生的信息提取与处理能力、问题分析与质疑能力、结论阐释与创新能力？地生跨学科案例中存在哪些类型的开放性试题？面对跨学科案例中的开放性问题，该如何解决？案例中的育人

元素又体现在何处？同样的命题，在跨学科教学的不同阶段，思考的侧重点和深度也有所不同。

【案例】

跨学科案例中开放性问题的解决策略

首先，充分利用案例中的文字、图表以及题干中隐含的信息。其次，答题时选择从多角度、多方面进行阐述，不同要点之间用分号隔开。再次，组织语言应简明扼要，具有一定的概括性。然后，作答时不可照搬照抄原文语句，在找到相关语句的同时，必须融入自己的理解。最后，学会紧密联系地理和生命科学学科的核心知识，进行综合分析。

表 8－3　步骤与要点

序号	步骤	要点
1	审清题意，明确方向	仔细审清题意，准确分析答题方向是合理还是不合理，再围绕自身观点有条理地摆出证据、阐述道理
2	细读材料，提取关键	认真细读材料，提取关键信息。比如，圈画出苹果的生长习性等重要信息，为后续分析和作答奠定基础
3	知识延伸，处理信息	结合地理和生命科学学科知识，对提取的信息进行深度挖掘，分析各条信息共同或不同指向的结论
4	组织语言，完整论述	亮明观点，分条列项，用精练的语言完整表达自己的看法
5	通盘复查，留意跨学科线索	基于踩点得分的标准，对答案进行通盘复查，重点关注问题是否涉及跨学科内容

（上海市奉贤区奉城第二中学　范朝辉）

在跨学科案例教学中，地理和生命科学学科两门学科的融合，既是关键点，又是难点，也是挑战点。“生物对环境的适应”则是其中一个极为重要的切入点。接下来，我们一起通过体验以下两种适应情境来说明相关问题。

【案例】

加拉帕戈斯群岛上也有企鹅

在大多数人的认知中,企鹅应该生活在南极那般寒冷的环境中。可是,在赤道附近的加拉帕戈斯群岛,却生活着一种独特的企鹅——加岛环企鹅。这种企鹅也是企鹅科中唯一生活在赤道附近的成员。

为适应赤道地区的气候,加岛环企鹅必须保持身体凉爽。白天,它们在冷水中寻找食物,用冷水维持身体温度;夜晚,它们则返回陆地栖息。在陆地上,它们会用鳍脚遮挡下半身,弓着身子护住脚,让阳光照耀背部。天热时,它们通过伸展鳍脚以增加热量散发。在高温下,它们会像狗一样通过快速喘气散发身体的热量,或者从身体的末端散发热量。当天气太热时,那些没有繁殖的企鹅便不再留在陆地上,而是跳入水中。

虽然加岛环企鹅拥有独特的环境适应方式,但近年来,其种群数量急剧下降,未来100年内灭绝的可能性约为30%。造成这一困境的主要原因包括难以控制的厄尔尼诺现象、全球气候变暖、渔民渔船的非法捕捞或误伤、漏油污染、非本地物种(如野猫)的掠食。

不仅加岛环企鹅有这样的困境,岛上其他物种也面临相似的困境。当地政府已开始采取措施,全力保护这片大自然馈赠的生态宝藏。如果我们有幸以游客的身份登上加拉帕戈斯群岛,也应自觉遵守相关法规,爱护岛上的一草一木。

(上海市民立中学 姚伟国)

【案例】

阿拉善骆驼:适应环境的生命奇迹

一、案例情境

骆驼真正的储水器是它的体液系统,主要包括血液和组织液。骆驼背上的驼峰储存着大量胶质脂肪,每消耗1千克脂肪大约能产生1千克水。骆驼的大肠吸水性极强,能充分吸收食物中的水分。骆驼的尿液高度浓缩,汗腺很少,只有体温升到40℃时才会出汗。骆驼体型普遍高大,嗅觉灵敏,能闻到数千米以外水源和食物的气息。在长期演化过程中,阿拉善骆驼形成了独特的生理机能和抗逆性,十分适合在荒漠草原环境中生存,是未来生命科学基因工程的珍贵资源。阿拉善骆驼血液中的红细胞对体内水平衡具有调节功能,能借助体温在一定范围内的变化适应酷暑或严寒。

二、案例分析

外环境处于持续变化中,生物也在不断适应环境并进化。面对真实情境中的问题时,通过信息提取与处理的方式,引导学生在应对未来可能出现的人口问题、资源问题、环境问题和发展问题时,明白人类社会的良好发展是以尊重自然规律,协调好生物与生物、生物与环境之间的关系为前提的。这有助于让学生在初中阶段树立"尊重自然、保护自然,与自然和谐共处"的适应观念和可持续发展理念,增强学生保护环境和资源的意识。

因此,在地生跨学科教学中,教师需要完善自身知识体系,帮助学生在地理和生命科学学科原理与自然和社会现象之间建立联系,提升学生综合运用地理和生命科学学科原理分析各类自然和社会现象的能力,使其能主动发现其中存在的矛盾和问题,并善于运用数据和证据得出推断或结论。学生在经历实践体验和科学探究之后,面对各类自然和社会现象中出现的矛盾和问题时,能运用跨学科知识分析问题,提出合理的解决方案,或者将经分析得到的结论应用于新的问题情境中。

(上海市民立中学　乐声浩)

中考前,针对跨学科案例教学,有必要开展有针对性的迎考复习。同时,对于最后阶段的复习规划,也需要进行全面且深入的思考。

以针对性施策提升迎考效能

一、精选教学案例,讲练结合

基于目前手头现有的案例资料,并结合"空中课堂"中的教学案例,精心挑选10—15个分析案例,分为一套案例精讲和一套案例精练,通过讲练结合的方式,助力达成良好的教学效果。

二、找寻增长点,关注能力提升

跨学科案例主要考查学生的信息提取与处理能力、问题分析与质疑能力以及结论阐释与创新能力,其最终目标是让学生掌握在具体情境中解决实际问题的综合能力。能力培养是一个循序渐进的过程,在最后阶段的学习中,期望围绕跨学科的三大能力维度，选取适宜的教学方法，并结合具体试题，促进学生专业能力的提升。

（一）提升信息提取与处理能力

一方面，在练习过程中，教师带领学生一同读题，开展审题训练，同时引导学生在试卷上进行圈画标注，培养良好的做题习惯；另一方面，地图在地理学习中至关重要，堪称地理学习的“生命”与“第二语言”。此外，在教学中，仍需着重强化学生的读图训练。针对不同类型的地图，如等值线图、地理示意图、地理分布图、地理景观图、地理统计图表等，分别讲解其读图方法与步骤，助力学生提升读图能力，使其能准确读懂试卷上的各类图表，进而提取有效信息以辅助解题。

（二）提升问题分析与质疑能力

借助线下教学可面对面沟通的便利性，将课堂还给学生，鼓励学生针对某一问题进行发散性思考，畅所欲言，表达自己的想法与见解。2021 年中考跨学科真题中“云南德宏州茭白运往上海需要考虑的角度和理由”一题，便是基于真实情境的实际问题。现实问题往往具有复杂性，此时学生回答的对错并非关键，更重要的是其思考问题的角度与表达能力。在课堂中，关键在于引导学生置身于真实情境并解决问题。比如，可以引导学生从不同身份的角度思考该问题：假设自己是茭白供货商，会考虑哪些方面；假设自己是货车司机，又会考虑哪些问题。又如，可以引导学生将问题拆解，从运什么、怎么运、为什么运等角度展开思考，观察是否会得出不同答案。最后，针对学生的回答，教师可进行总结与提升，运用思维导图将学生的思维路径可视化，关联学科知识，规范表述。

（三）提升结论阐释与创新能力

首先，教师带领学生整理之前做过的结论阐释类题目，对它们进行分类归纳。比如，从措施类、影响和意义类、评价类等角度，归纳不同类型题目的答题角度和表述方式。其次，鼓励学生在理解题目的基础上，搭建答题思路与框架，构建知识间的联系，加深学生对知识的理解。此外，在这类题目的解题技巧方面，教师要有意识地让学生在做题的过程中进行训练，如关注分值，注重表述规范，确保表述完整、合理、条理清晰，体现多角度综合思考等。

（上海市华东模范中学　李　莉）

以上案例描绘的跨学科图景一定是不周全的，样式也无法一一详尽呈现。参与初三跨学科教学第一、第二批试点的教师，都经历了一次对自身过往教学模式的革新。因此，这次探索无疑推动了课堂教学转型和育人方式转变。

第九章

未来跨学科教学的探索点

问题 27　不同年级学生的心理特点有何不同?

在初中阶段,跨学科案例教学不应局限于初三年级,而应贯穿整个初中阶段的日常教学。践行学习的学科之跨,心理加持也是一个探索点。精准教学离不开客观的学情分析,而学生的心理状况是学情的重要组成部分。不同阶段的学生具有不同的心理特点,这些特点会影响他们的学习情绪、学习状态、学习意愿等。因此,探析初中生的心理特点差异,对提升各年级地生跨学科教学的针对性具有重要意义。

对初中生来说,他们正处于身心发展的加速期和过渡期,其生理发展特点和身心发展的不平衡性容易引发心理矛盾。因此,了解该阶段学生在青春期的心理特点至关重要。下面,我们将结合不同年级学生的心理特点进行差异分析,为更好地开展跨学科学习、促进学生全面发展提供理论参考。

1. 认知差异视角下的跨学科教学探索

(1) 思维

从预备班开始,学生的形象思维逐渐趋于成熟,抽象逻辑思维开始占据优势。初二年级是学生抽象逻辑思维由经验型向理论型水平转化的关键期,因此预备班和初一学生的抽象逻辑思维以经验型为主,在一定程度上仍保留着小学生的特点,通常需要感性事物和经验作为支持。基于此,教师需要在教学中寻找生活情境,弥补教材案例或经典案例不足,唤醒学生的感性积累和直接经验,引发共鸣,增强学习动力。比如,“上海白玉兰”“嘉定马陆葡萄”等案例。

然而,初三学生的抽象逻辑思维以理论型为主,该思维方式与个体能在头脑中进行抽象符号推导有关。具有该思维方式的学生不仅能综合运用多学科知识,还更敢于用怀疑的态度检验对事物或所学材料建立的假设,从而扩大自己的知识领域或提升问题解决能力。基于此,地生跨学科教学可以从以下两方面进行思考：一方面，重点解决情境问题的知识结构化。预备班和初一年级的知识结构相对简单，如马陆葡萄可以围绕葡萄甜度受气温、光照、降水、土壤、光合作用、生物呼吸等因子影响来编织解决问题的知识网；初三年级则围绕“马陆葡萄为何知名”这一问题绘制解决问题的知识网，涉及自然、人文、地理、生命科学、科学等学科知识。另一方面，情境问题设计应呈现多样化。低年级的问题设计类型可相对少一些，学生更多地从情境案例中提取信息以回答问题；初三年级的问题设计类型要多样化，学生需要依据情境素材，直观感知理论知识，进而提出解决对策。

此外，初三学生对事物的了解更为系统和深刻，他们会去认识学科的基本结构和基本规律，逐渐克服生活和学习上的依赖性，更擅长对自己的思维过程进行反思、总结和调整，并通过逐步提高思维的独立性和批判性，更独立、自觉地完成各项任务。初三学生开始形成自己的思维方式，其思维的独立性和批判性使他们在思考问题，尤其是开放性问题时，不仅能考虑表面现象，还能进行理性分析并作出决策。

随着创新受到国家越来越多的重视，培养和提升学生的创造性思维至关重要。结合不同年级学生的特点看，预备班和初一学生的创造性思维水平比初三学生低，这可能与他们处于从儿童转变为青少年时期的生理和心理的不成熟性有关。此外，创造性想象是创造性思维的主要组成部分。初三学生的想象更具创造性，他们创造出的事物形象更为完整精确且更具现实性。受此启发，在设计跨学科案例时，各年级需要在评价标准上有所差异，正确看待不同年级学生创造性思维的差异。

（2）记忆

对预备班和初一学生来说，他们更多地采用无意识记和机械记忆的方法，如通过死记硬背的方式记忆所学知识。然而，初三学生以有意识记为主，他们有明确的目的，并可以利用自身的加工、归纳等能力，在新旧知识之间建立非人为的实质性联系，以此学习新知识。没有记忆的学习是不行的，但仅有记忆的学习也是不完整的学习。初三学生进行跨学科学习不能停留在无意识记和机械记忆层面，而应向有意识记和关联思维迈进。因此，在创设问题情境时，相较于低年级，初三年级的情境应更真实、更复杂。

（3）注意

相较于预备班和初一学生，初三学生能对比较抽象、理论性较强但又与他们的知识经验相距较近的学习材料保持更稳定的注意力，在有意分配和转移注意力方面做得更好。因此，在设计跨学科案例时，预备班和初一年级的案例应更具趣味性，也更贴近学生生活，以此吸引学生的注意力，并延长其注意时间；初三年级的案例设计则需要具有更强的关联性，并能更好地唤醒学生脑海中积累的经验和见识，从而激发学生思维并引发共鸣，进而让学生获得稳定的注意力。

2. 个性和社会性发展差异下的跨学科教学探索

（1）自我意识

处于青春期的学生，因身心发展不平衡，在个性和社会性发展上产生了变化。预备班和初一学生的自我意识开始觉醒，具备一定的评价能力，开始注意塑造自身形象，在学习和纪律方面努力表现，力争给教师和同学留下好印象。然而，相较于预备班和初一学生，初三学生对自我的认识更客观，也更具整合性，能形成更恰当、更稳定的自我概念和自我评价。除此之外，初三学生的成人感更为显著，自尊心大幅增强，也更渴望得到教师和家长的尊重与理解。

（2）道德评价

在道德评价方面，初三学生能更全面地考虑问题，注意分清问题的主次，也更善于透过现象揭示道德行为的本质。

（3）情绪情感

初中生更容易表现出情绪的两极性，如情绪时而强烈时而温和、时而多变时而固执以及时而隐蔽时而表露等。但对初三学生来说，他们的情绪会更为稳定。

（4）人际关系

相较于预备班和初一学生，初三学生逐渐远离了团体式的交往方式。同时，随着年龄的增长，他们的交友范围逐渐缩小，建立的友谊更为稳定持久，朋友关系在他们生活中的重要性日益凸显。尤其是在异性交往方面，预备班和初一学生表现得较为幼稚，会通过一些相互排斥的行为（如划“三八线”）吸引异性的注意；初三学生在面对此类情况时，会表现得更为稳妥。

由此可见，跨学科教学有三个方向的探索点：一是跨学科情境案例或设计的情境问题，如初三年级需要更多的创新性，给予学生挑战思维和自我发挥的空间；二是跨学科教学过程中需要设置停顿，即"有设计的留白"，给予学生学习交往和自我表达的时空；三是跨学科教学需要既有趣味性又有意义，促使学生以积极的心态、良好的情绪以及正确的价值认同投入学习。

综上所述，不同年级学生在认知、个性和社会性发展等方面存在差异，因此可以探析这些学生群体不同的心理特点。同时，这些心理差异也能激励地理和生命科学教师在跨学科教学中开展差异化探索，并做到因材施教，以生为本。在纷繁复杂的当下，心理问题愈发严重。因此，科学认识学生的心理特点，将成为未来跨学科教学的新增长点。

问题 28　跨学科转型发展有哪些特征？

事物的积极发展总是呈现出波动上升的态势，虽然过程有起伏，但整体朝着前进方向不断迈进。随着义务教育新课标的颁布以及新教材编写的完成，在课程素养的引领下，跨学科教学即将迎来新一轮的转型发展。

1. 从跨学科能力向跨学科素养演进

无论是跨学科教学还是分科课程教学，形式虽多种多样，但其最终指向的教育目标都是助力学生发展核心素养的形成。不过，跨学科素养的独特之处，还要从跨学科能力的培养说起。跨学科能力是当前跨学科课程中提及最多的概念，但其指向依然不太明确。比如，跨学科能力可以理解为学生以分科课程为基础，综合运用多门分科课程的知识和方法解决问题的能力，也可以指学生在已有的跨学科课程中掌握的能力。正因大家对跨学科能力存在不同理解，所以相应的教学评价体系也各不相同。比如，上海中考将地理和生命科学学科纳入跨学科案例分析，大家对此存在诸多讨论。有人质疑以往单科教学是否缺乏对跨学科素养的培养，或者单科教学培养出来的学生是否不具备跨学科素养。有的教师认为，考试导向应是学生运用地理和生命科学学科知识解决考试中的跨学科案例问题，即考查学生自主运用跨学科知识解决问题的能力。也有教师认为，在具体的地理和生命科学跨学科课程中，既能实现综合运用知识的能力目标，又能挖掘更多培养素养的可能性。

在能力层面，各方观点众说纷纭。但当把视角从能力转向素养时，很多纠缠不清的争论便会逐渐明晰。从当前我国核心素养的构成——关键能力、必备品格和价值观念看，无论是基于分科课程的跨学科能力还是跨学科课程旨在培养的能力，都是学生发展核心素养的一部分。各分科课程的核心素养都是为培养学生发展核心素养而服务。可以说，学生发展核心素养本质上就是跨学科素养。因此，当前跨学科课程建设和评价体系应站在更高的维度，从对能力的讨论转向对素养发展的关注，不仅要关注学生能学到什么，跨学科案例分析以及课程所蕴含的关键能力、必备品格和价值观念也应该得到重视。

围绕这个方向，先从以下视角启航探索：地理学科核心素养包括区域认知、综合思维、地理实践力和人地协调观；生命科学学科核心素养包括生命观念、科学思维、科学探究和社会责任。思考课程素养，厘清两科核心素养之间的关系，以及与跨学科案例教学评价中所考查能力的具体内涵之间的关系，显得至关重要。下面重温考查能力的具体内涵：

信息提取与处理能力包括能识别情境中的事物、现象等；能通过比较、分类、归纳等方法获取有用信息；在所获取的有用信息之间，建立符合学科逻辑的关联。

问题分析与质疑能力包括能判断所给出的问题能否通过探究进行验证，或者针对现象、事实提出可探究的问题；能找到支持可探究的问题的证据或数据，或者对数据进行合理的处理；能运用地理和生命科学原理，使用证据或数据，对问题作出分析或推断等；能指出现有证据或数据中的误差与不足；能论证或反思已有推论或结论的可靠性和合理性。

结论阐释与创新能力包括能使用得到的结论解释问题；能依据得到的结论或模型等解释其他相关事物的原因和机制；能对与个人、社会和环境相关的问题作出分析或提出新的方案和观点。

2. 从关注学生培养向引导教师发展过渡

提升教育效能，教师的专业发展是关键。整体上看，我国职前教师培养极为强调教师的学科特征。职前教师培养体系在本科阶段就过早地将教师定位在某个学科的教学工作上。这种培养模式在初中和高中的分科课程教学中，确实能让教师更适应教学实际。然而，在面对学生发展核心素养的培育要求时，我国教师面临的挑战是怎样培养联结知识结构的横向能力。

因此，在关注学生跨学科能力和素养培养的同时，教师的跨学科能力和素养培养也应同步推进。在地生跨学科案例教学的课堂上，教师的搭配方式主要有以下几种：地理和生命科学教师共同执教一节课；地理教师执教以地理知识为基础的内容，生命科学教师执教以生命科学知识为基础的内容，双方依据情境主题相互配合。在上述形式中，最可能受到质疑或挑战的是由两位教师共同执教的形式。这种形式可能会暴露出在跨学科课程中，教师自身知识储备不足、自我发展意识淡薄，以及对跨学科能力和素养的理解较为片面的问题。如此一来，教学就容易陷入“跨学科就是几门学科简单叠加和组合”的误区。

跨学科案例教学的设计、实施、评价等一系列环节，有助于地理和生命科学教师实现知识更新。教师的本体性知识，即学科教师的专业知识，在跨学科教学中发挥着基础性作用。跨学科教学迫使教师基于相关学科知识向上探索科学前沿，又从科学前沿向下汲取智慧和“社会营养”，以充实自身的基础知识。这样一来，教师的本体性知识得到显著提升。事实上，无论是新教师还是有一定经验的教师，在新一轮基础教育课程改革中，尤其是受跨学科案例教学任务驱动的影响，其学科本体性知识都实现了大幅增长。除了学科本体性知识外，教师的条件性知识也受到了重视。条件性知识主要指教育学、心理学等方面的知识。各个学科都有其独特的学科特性，以往在教育教学方法上的交流较少，教研活动中也较少呈现有组织的跨学科交流。跨学科教学研讨为教研和专业交流搭建了一个崭新的平台。地理和生命科学教师在一个个案例中进行思维碰撞和经验交流，不仅拓展了学科教学知识，扩大了教研共同体，还有助于对现实社会问题进行综合、客观的分析。此外，在教师激励和评价体系中，将教师的跨学科素养作为参考指标，有助于激励教师积极参与跨学科教学和课程建设，提升教师开发特色课程的素养。当然，中考政策的变动，必然会给基层学校带来“阵痛”。因此，教育部门对跨学科课程及其教学的管理和指导也不能缺位。由此可见，后续一波又一波的政策导向和权威指导将会频繁出台。

关于地理和生命科学协同教研，前文已有诸多论述，在此不再赘述。接下来，将通过一个案例来说明学科教师联手开展跨学科教学，相较于单科应对，具有显著优势。

【案例】

寻找真密码

将“缺少天敌”确定为一枝黄花在我国泛滥的原因，其实并不能完全说明问题。那么，真正的根源究竟是什么呢？

原来，这里面还隐藏着一个不为人知的秘密：一枝黄花的泛滥，在很大程度上与其基因的变化有关。在自然界的植物中，经常出现染色体加倍的现象，从而形成多倍体。染色体中含有遗传物质，即脱氧核糖核酸（DNA）。当细胞中含有3个或3个以上染色体组时，就被称为多倍体。人体有46个染色体，每23个是一组，因此是一种二倍体。

在植物界中，当环境出现剧烈变化，或是受到机械损伤、辐射或化学作用时，往往导致有些细胞在复制后却没有分裂。于是，染色体数目加倍，形成了多倍体，从而产生了一个新的物种。比如，我们常吃的香蕉是三倍体，土豆是四倍体。

多倍体相较于原来的植物品种，细胞体积增大，新陈代谢更旺盛，抗逆性更强，因此在生长发育方面具有很多优势，如植株更粗壮、花朵更艳丽、果实更饱满等。比如，郁金香便是经人工培育而成的三倍体，而四倍体的葡萄、小麦、水稻等，其个头都比原来的二倍体大得多。因此，多倍体在农业育种领域应用广泛，人们用模拟变温、切割、化学药剂处理等方法培育出多倍体品种。

（上海市民立中学　韩凤达）

3. 从关注学生知识获得向素养提升进阶

传统教学以“传授—接受教学”为主，也就是我们常说的注入式教学模式。

在传统评价标准中，教师注重学生知识量的积累。“传授—接受教学”有利于学生在短时间内掌握大量的系统知识，因此教师往往将学生看作知识的容器，教师则是课堂的主体。但这种教学方法不利于学生独立性和创造性的发展，也不符合时代发展的需求。

随着新课改的推进和中考新政的推出，中招考试越来越注重对学生综合能力和综合素养的评价。此外，《指南》也明确提出，要培养学生的信息提取与处理能力、问题分析与质疑能力以及结论阐释与创新能力。这说明在跨学科教学领域，关注焦点已从单纯的知识积累转向学生综合素养的提升。它要求学生不仅要熟知知识，还要学会活用知识，并把知识应用于现实情境中。这一转变对后续新一轮初中教材的编写产生影响，教材内容将围绕主题铺陈展开。因此，在日常教学过程中，教师必须进一步改变原来以知识讲授为主的观念，要从原先的知识传授者转变为学生学习的引导者和帮助者。此外，教师还要真正教会学生如何发现和解决现实问题，让学生在真实情境中探索出解决问题的思路，并能将这些思路迁移到别的情境中，进而培养学生的创造性，使教学逐步从关注学生知识获得向注重素养提升进阶。

【案例】

跨学科思维培养与案例分析指导

在地理课堂教学中，教师应有意识地结合教材内容，进行跨学科问题情境的设计。以七年级下册的“气温分布”一课为例，在学生学习我国温度带划分的知识前，教师设置了一个跨学科问题情境：为什么会有“橘逾淮为枳”的说法？这一现象是水土差异导致的，还是遗传变异导致的？这些问题成功地唤起学生的好奇心和想象力，能激发学生运用跨学科知识分析问题的欲望和学习意识。在课程结束后的作业设计环节，教师创设了以下情境：我们校园里种了一棵桃树，每年结了不少桃子。近期，有同学提议在校园里再种一棵苹果树。请你对这一情境进行可行性分析。这一作业旨在激发学生的开放性思维，鼓励他们尝试从不同角度进行论证，引导学生运用所学知识分析和解决实际问题。

以北外滩微旅游线路设计这一旅游项目策划活动为例，学生分别从航运文化之旅、建筑之旅、观光休闲之旅三个主题展开线路设计。活动中，学生们查阅了北外滩建设规划图，用电子地图查找北外滩区域及各个观光点，并通过制作地图来展示旅游线路。他们从历史文化底蕴的角度，介绍一个个具有北外滩特色的代表性景点。在整个活动过程中，学生们将多学科知识与技能运用到实际问题的解决中，获得了跨学科学习的独特经验。

（上海市继光初级中学　地理组）

4. 从学科教学情境向真实生活问题转变

教学情境的类型丰富多样，如新闻事件、图画再现、生活展现、语言描绘等。一般而言，在创设学科教学情境时，往往要排除干扰信息，提取具有学科特性的材料和内容。以澳大利亚森林火灾这一新闻事件为例，从地理学科素材的角度出发，火灾发生时的天气状况、植被情况、风向和风速等属于主干信息，再搭配卫星云图、过火面积等辅助信息。然而，像桉树在大火后率先大量复苏这类信息，因与地理学科的教学重点关联不大，往往被当作无关信息排除在外。由此可见，学科教学情境存在的问题是，教师总是预设情境应该如何为教学服务，因此呈现出的是经过筛选、不完整的事件。跨学科教学或许应该转换思路，即教学应该为情境服务，也就是教学过程要围绕真实生活问题展开。比如，对于澳大利亚森林火灾，可向学生展示事件全貌，再运用地理和生命科学学科知识进行全面且细致的讲解。

在生活中，既没有假设，也没有学科界限。在学生未来的生活和生存过程中，当前所学的分科课程知识难以覆盖生活的方方面面，学科的设定使得课本知识与现实存在较大差异。当学科试图靠近生活时，如生命学科提出的生活化教学，对现实生活的解释力依然不够，因为真实生活问题大多具有跨学科属性。一旦选取了真实生活问题，便能自然而然地走进跨学科的世界。只不过在进入深度学习、实践探索阶段时，结合不断推陈出新的信息科技设备（如智能装备），跨学科学习对学生和教师而言都将是一次全新的研学旅程。

附录

初中地理和生命科学跨学科实践现状的问卷调查(学生)

亲爱的同学：

您好！非常感谢您能抽空填写本问卷。本次问卷调查的目的是了解初中生对学科交叉的认识和应用情况。本问卷不用填写姓名，答案也没有对错之分。希望同学们按照自己的实际情况如实作答。衷心感谢您对我们工作的支持！

问卷填写要求：请同学们在相应的选项前打勾。

一、基本信息

1. 你的性别：□ 男　□ 女

2. 你的年级：□ 六年级　□ 七年级　□ 八年级　□ 九年级

二、问卷题目

1. 我在学习上会有偏科现象。

□ 完全符合　□ 基本符合　□ 不符合

2. 我认为，地理学得好，对学习其他学科有帮助。

□ 完全符合　□ 基本符合　□ 不符合

3. 如果老师不讲，我不会主动去了解《地理》或《生命科学》教材中提到的人物和科学发展史。

□ 完全符合　□ 基本符合　□ 不符合

4. 我知道，很多谚语、俗语、诗句都描述了地理现象或生命科学现象。

□ 完全符合　□ 基本符合　□ 不符合

5. 我的地理或生命科学老师经常会在课堂上讲解其他学科知识。

□ 完全符合　□ 基本符合　□ 不符合

6. 我认为，当老师运用生命科学知识讲解地理知识时，我会更容易理解。

□ 完全符合　□ 基本符合　□ 不符合

7. 我能综合运用所学地理或生命科学知识解决其他学科的问题。

□ 完全符合　□ 基本符合　□ 不符合

8. 在日常生活中，我会关注与环境保护和自然资源相关的新闻。

□ 完全符合　□ 基本符合　□ 不符合

9. 我很敬佩《地理》和《生命科学》教材中提到的科学家，因为他们的质疑精神和持之以恒的态度值得我们学习。

□ 完全符合　□ 基本符合　□ 不符合

10. 在学习新疆水果特别甜时，我会想到光合作用的影响。

□ 完全符合　□ 基本符合　□ 不符合

11. 学校曾经开展过具有跨学科特征的综合实践活动。

□ 完全符合　□ 基本符合　□ 不符合

12. 学校曾经开设过将地理和生命科学学科紧密联系的拓展型课程和研究型课程。

□ 完全符合　□ 基本符合　□ 不符合

初中地理和生命科学跨学科实践现状的访谈提纲(教师)

一、个人基本资料

1. 您的性别:□ 男　□ 女

2. 您的教龄:□ 5 年及以下　□ 6—10 年　□ 11—20 年　□ 20 年以上

3. 您所在学校类型:□ 公办初中　□ 民办初中　□ 其他:________

4. 您的职称:□ 正高级　□ 中学高级　□ 中学一级　□ 中学二级　□ 无职称

5. 您的最高学历:□ 博士　□ 硕士　□ 本科　□ 专科

6. 您所教学科:□ 地理　□ 生命科学　□ 其他:________

二、访谈问题

1. 您对跨学科的了解程度如何?

2. 您认为有必要开展跨学科教学吗?

3. 您认为地理或生命科学学科与哪些学科关系密切?

4. 当您在教学中遇到所教学科知识涉及其他学科知识,尤其是学生尚未学习过这一知识时,您是怎么处理的?

5. 您会在日常工作中关注其他学科知识吗?

6. 您会经常去听其他学科教师的课吗? 您认为教师之间需要合作吗?

7. 在实施跨学科教学时,您遇到过哪些困难? 您认为遇到这些困难的原因是什么? 您认为如何才能克服这些困难?

跨学科研学活动设计
——以上海吴淞炮台湾国家湿地公园研学计划为例

一、研学地点介绍

上海吴淞炮台湾国家湿地公园坐落于宝山区东部，背山面水，东临长江与黄浦江，西倚炮台山，其西南角便是著名的长江入海口——吴淞口。作为长江入海口，上海吴淞炮台湾国家湿地公园的前身是一片滩涂湿地。清朝时期，清政府凭借炮台湾的有利地形，建造了水师炮台。之后，随着工业的不断发展以及沿江地区越来越重视发展重工业，炮台湾成为附近钢铁厂生产的废钢渣的堆场，沿江滩涂也随之变成了一片钢渣地。如今，为改善生态环境、发挥炮台湾的地理位置优势、弘扬其历史文化，秉持环境更新、生态恢复、文化重建的理念，在钢渣地上建成了上海吴淞炮台湾国家湿地公园。

本次研学课程以上海吴淞炮台湾国家湿地公园为依托，通过走访、调研，让学生了解上海吴淞炮台湾国家湿地公园的前世今生。学生在体验生态重建的过程中，逐步培养了生态系统观和人地协调观。

二、课程目标设计

本课程以上海吴淞炮台湾国家湿地公园为研学背景，结合吴淞炮台湾的前世今生，引导学生了解湿地公园演变过程中涉及的地理和生命科学学科知识以及生活常识，发现湿地公园的演变之美。其中，涉及的地理学科知识点包括长三角地区的自然地理环境、地理工业发展的区位因素等；涉及的生命科学学科知识点包括生态系统概念、生态修复、生物与环境相适应等。同时，本课程立足现实条件，让学生了解湿地公园的植物配备情况，并对植被配备进行再设计。

附录表 1 地理学科核心素养指标和具体内容解读

核心素养指标	具体内容解读
区域认知	研究上海吴淞炮台湾国家湿地公园的区域地理位置(如长江入海口、滩涂地),通过描述湿地公园所处地理环境特征,形成以“空间—区域”视角研究地理对象的核心素养
综合思维	通过认识上海吴淞炮台湾国家湿地公园,理解人类生存的地理环境是一个综合体,由众多地理要素组成,如自然地理要素中的水文、地貌、土壤等,以及人文地理要素中的人口、城市、工业等
地理实践力	通过实地考察、看地图等形式,培养学生的科研意识与能力,提升学生的地理实践力
人地协调观	立足上海吴淞炮台湾国家湿地公园的演化历程,理解人类活动对地理环境的不利或有利影响。比如,通过设计生态重建方案,提出协调人地关系问题的措施和政策,从而发展人地协调观

附录表 2 生命科学学科核心素养指标和具体内容解读

核心素养指标	具体内容解读
生命观念	通过探究上海吴淞炮台湾国家湿地公园各生命科学要素之间的关系,培养学生的进化与适应、稳态与平衡等生命观念
科学思维	通过实地考察,探究上海吴淞炮台湾国家湿地公园各组成要素之间的联系,深入研究其生态价值,培养学生运用科学的思维方法认识事物、解决实际问题的思维习惯和能力
科学探究	根据上海吴淞炮台湾国家湿地公园的土壤、地形等环境特点,提出合适的生态修复方案,培养学生观察提问、实验设计、结果交流与讨论的能力
社会责任	通过“矿坑花园”的参观学习,理解人类活动对环境产生的影响,培养学生的社会责任感和环境保护意识

三、课程内容设计

本次研学活动基于初二学生已有的知识和经验展开。初二学生通过初中地理和生命科学等课程的学习,已掌握了一定的地理和生命科学学科知识。借助本次研学活动中的现实问题和真实情境,促使学生将所学知识应用于现实生活,实现不同学科知识的相互融合。在课题内容的层层设置下,学生对知识的掌握更为牢固,对知识学习的兴趣更加浓厚,同时其探究能力和科学思维能力得以提升。因此，本课程对学生能力的培养具有重要的指导价值。

附录表 3　上海吴淞炮台湾国家湿地公园研学课题与任务指向

课题	子课题	任务类型	设计意图
上海吴淞炮台湾国家湿地公园的形成与演化探究	上海吴淞炮台湾国家湿地公园形成的自然地理因素（滩涂时期）	探究型和实践型任务	关注上海吴淞炮台湾国家湿地公园形成的自然地理因素和人文地理因素；结合湿地公园的生物多样性，发展学生的综合思维
	上海吴淞炮台湾国家湿地公园形成的人文地理因素（钢渣地时期）		
	基于上海吴淞炮台湾国家湿地公园的重建，探讨湿地公园生物多样性的价值（湿地公园时期）		
以上海吴淞炮台湾国家湿地公园为例，总结生态系统修复要点	总结上海吴淞炮台湾国家湿地公园的土壤、地形、气候等环境特点	设计型任务	关注生态系统修复，培养学生的社会参与感和知识迁移能力
	对上海吴淞炮台湾国家湿地公园的不同区域进行合理规划		
	不同区域选择合适的动植物（宝山区土地盐碱化严重，并且湿地公园建在钢渣地上，因此需要选择耐盐碱、耐水湿、耐土地贫瘠且有一定景观效果的植物）		
	总结生态修复要点和一般步骤		

本课程的设置与任务指向如附录表 3 所示。本课程立足真实的环境问题，通过引导学生了解上海吴淞炮台湾国家湿地公园从滩涂到钢渣地再到湿地的演变过程，鼓励学生运用所学知识探究其背后隐藏的地理因素、生命科学因素等，

并结合现实条件，分析演变过程中的所需条件，探究演变前后带来的变化。在此过程中，教师应鼓励学生积极发言，并主动了解学生的想法以及可能存在的困惑。最后，教师提出"若对湿地的植被资源进行再配置，需要考虑哪些因素，以及如何考虑这些因素"这一问题，引导学生对该问题进行探索与思考，从而提升综合能力。

四、课程评价

本课程采用诊断性评价、过程性评价与总结性评价相结合的方式。课程开始前，教师通过问卷调查了解学生的基本情况和想法，这属于诊断性评价。在课程开展过程中，教师为学生配备了学习单。学习单是过程性评价的参照依据，因此教师需要督促学生认真完成学习单上的内容。课程结束后，学生需要完成测试题和自评表，这属于总结性评价。最终，教师需要综合三个阶段的评价结果对学生进行整体评价。在整个教学过程中，教师需要引导和督促学生，确保发挥学生的主体性和自身的主导作用，并做好学生的组织与管理工作。

跨学科教学与教师专业成长

——以“陕西北路文蕴探奇”为例

一、课时

约16课时

二、涉及学科

地理、历史、道德与法治、语文、艺术等

三、适合学段

初中、高中（可选择视角切入）

四、课程缘起

陕西北路位于上海市民立中学的总部和分部之间，地处原来的公共租界和法租界的交界处。这里不仅保存着众多名人故居、历史典故和往昔逸事，还充满海派特色的里弄和石库门。时至今日，这些历史建筑依旧保存完好，让人得以窥见老上海的日常生活。此外，陕西北路拥有良好的生态环境，在上海享有盛名。2013年，陕西北路荣获“中国历史文化名街”称号，充分展现了上海“永不拓宽”的马路的独特魅力，蕴含着丰富的地理、历史、道德与法治、语文、艺术等学科知识。

学校从跨学科课程资源整合开发的角度出发，以陕西北路成为上海第三条中国历史文化名街这一事件为切入点，逐步挖掘陕西北路的发展历程、“洋人街”与“名人街”的形成过程、典型风格建筑、名人故居与逸事、教育元素、老上海风情的展示以及陕西北路后街文化的未来发展等跨学科探究学习活动和项目学习活动课程资源。这些资源大多已被开发成具有校本特色的课程。这一跨学科探索历程已历时近八年，影响了全校学生对海派文化、周边文化情境的多维认知，并与社会进行联动，创造性地展示了他们的学习成果，也获得了较大的社会反响。

五、课程目标

1. 了解中国历史文化名街的评定标准，知晓陕西北路所蕴含的历史地理文化内涵。

2. 研究并推广陕西北路的文化底蕴，制定相应的传播路径、策略和方法。

3. 借助陕西北路的窗口，加深对海派文化的认识。

4. 整合并构建陕西北路的课程资源库，探索并实施有效的教学策略。

5. 促进学生和社会在多个平台上进行互动，培养学生参与社会学习的能力。

6. 通过跨学科学习，提升学生的社会化意识和运用整体思维解决问题的能力。

7. 学习并实践文创手段，探索在中学阶段宣传中华历史文化的途径，建立文化自信，并探索教育方式的创新。

此外，在学生素质方面，学生应能简要了解与陕西北路文化相关的基本知识或最新进展，并拥有参与相关学习活动的经验；应能结合个人特长以及生活和学习经历，积极参与陕西北路文化探究，从而激发对中国历史文化名街——陕西北路的研究兴趣，并树立对海派文化的自信心。同时，通过体验陕西北路的文创，感受时尚元素与中国历史文化名街产生的共鸣，探寻推介中华传统文化的创新路径。

六、实施过程

（一）实施路径

1. 渗透基础型课程，涵盖地理、历史、道德与法治、语文、艺术等课程。

2. 开设拓展型课程和研究型课程，包括校本特色课程、微项目、微课题、社团活动等。

3. 开展社会实践活动，如社区志愿者活动、社会庆典活动、德育活动等。

（二）实施流程

1. 检索情报，搜集资讯，如走进基础型课程、走进课堂等。

2. 精简素材，如合作编写《陕西北路文蕴探奇》读本。

3. 开设校本特色课程，如“文创陕西北路”等。

4. 组建社团，如成立陕西北路社团，探索学生自主研究的方向和路径。

5. 走进社会，如开展微课题、微项目研究，深入了解中国历史文化名街。

6. 形成陕西北路文化，如制作可视化的多元文创产品等。

7. 总结提炼，如对中国历史文化名街的课程建设和实践活动进行总结。

（三）流程关键字词提炼

1. 流程一：遥看、走近、走进、走出、再走进陕西北路。

2. 流程二：查、察、汇、编、学、讲、写、演、创陕西北路。

（四）具体内容流程

内容按话题设计，话题以单元命名，拟分为八个单元，每个单元设有一个探索性话题，彼此相对独立。各单元或话题自成模块，不存在必然的前后衔接关系。

附录表 4　单元设计框架要义

单元或话题	教育价值	学习过程	核心知识
陕西北路为何成为中国历史文化名街？——探索中国历史文化名街的形成过程	感悟多种因素共同作用于同一事物的结果，培养正确的探究思想	领悟中国历史文化名街的产生与发展，需要通过对各种相关因素进行综合研究才能实现	中国历史文化名街的含义、陕西北路的位置和历史沿革、陕西北路的独特魅力等
陕西北路文化为何获得重视？——探索陕西北路建设定位的背景	认识陕西北路文化与其所在区域发展的相通性，理解科学原理和方法	学习由表及里、由整体到局部的分析方法，尝试通过多种因素的相关推理得出较为科学的观点	静安区历史文化发展布局、文化发展与区域发展、城市建设理念等
陕西北路为何成为“洋人街”“名人街”？——探索陕西北路上的历史人物	理解陕西北路文化与人物之间的密切联系，培养对事物的认识要注重寻找主要因素的观念	从“洋人街”“名人街”入手，掌握将人物与文化、中外历史、纵横分析相结合的学习方法	“洋人街”的特征与形成、“名人街”形成的历史渊源、历史人物与街路文化等
陕西北路上的典型建筑风格有哪些？——探索典型建筑风格的特点	对陕西北路典型建筑风格进行归纳与分类，培养抓住事物本质的探究意识	借助图像特征分析陕西北路的建筑风格，学习用图像分析对象的方法	典型建筑风格的类型、建筑风格的特点、中西合璧建筑与多元文化等

（续表）

单元或话题	教育价值	学习过程	核心知识
陕西北路上的名人故居有何故事？——探索名人故居的前世今生	挖掘陕西北路上的名人故居及其故事，学会从新视角审视传统的经典，认识事物存在的资源属性	结合多种资料开展多角度分析，掌握运用历史文化学习人与物之间的联系的探究方法	名人故居的由来和逸事、故居中的名人为何有名、名人故居的今貌等
陕西北路上有哪些塑人元素？——探索陕西北路文化的思想价值	梳理陕西北路的塑人元素，树立发展观，了解人文资源对人的思想深度和广度的影响	借助陕西北路上的革命遗址、爱国志士的活动以及相关元素，挖掘其中的思想价值，学习解读文化资源的方法	陕西北路上的革命遗址、爱国志士的活动及其背景，陕西北路上的爱国元素和人的思想等
陕西北路上还有哪些老上海风情？——探索老上海味道的主要构成	明确老上海风情一般与特殊的不同，培育观察与分析事物所需的辩证观	通过对陕西北路历史文化个案的学习，能归纳辩证统一地认识事物的方法	老上海的建筑、饮食、语言风格、人际关系等
陕西北路会有一个怎样的明天？——探索陕西北路今天和明天的发展图景	理解陕西北路的发展方向及其对区域发展的多重意义，借助陕西北路文化生态建设，形成城市发展新理念	结合陕西北路发展建设的若干案例，明确城市建设的科学视角和探究方法	陕西北路上的“楼宇经济”、老字号一条街、陕西北路文化再建及其意义等

七、成果呈现

1. 读本：《陕西北路文蕴探奇》。

2. 项目设计：上海老味道。

3. 课堂教学：教案设计。

4. 微课题：陕西北路。

5. 文创作品：融合陕西北路元素的书籍、画册及文创产品。

八、课程资源

1. 文本资源：读本《陕西北路文蕴探奇》，15 万字。

2. 实景资源：陕西北路、中国历史文化名街陕西北路展示咨询中心。

3. 视频资源：纪录片《陕西北路文蕴探索之路》《陕西北路》。

4. 社会资源：如南京西路街道的文宣老师、上海市静安区文化和旅游局等。

5. 师资资源：地理、历史、道德与法治、语文、艺术等学科教师，以及中心教师、校外文化辅导员、志愿者指导教师等。

九、教学组织

学校将“陕西北路文蕴”课程内容融入地理、历史、道德与法治、语文、艺术等基础型课程，并致力于开展创新教学。同时，该课程被列为“自选校本特色探究课程”，采用走班制进行教学组织。依据学生或教师的意愿选择单元教学程序，并且各单元之间没有固定的前后顺序。通常情况下，一个单元安排在 1 至 2 个课时内完成。如果教学内容或作业未完成，可将其作为学生自主拓展的选择性学习材料。课前，教师需要准备并完成教学设计，也可在学校组织下共同研讨教案。

此外，学校还结合社会实践活动，开展项目化、微课题学习，并建立主题社团以推进相关活动。学生在中国历史文化名街陕西北路展示咨询中心的真实情境中，与中心教师及陕西北路文化展开互动，体验感受其魅力，体悟校外世界的精彩。

十、教学策略

（一）资源整合策略

中国历史文化名街——陕西北路，融合了地理、历史、道德与法治、语文、艺术等学科，各学科可从自身视角进行解读和问题分析，发挥各自学科资源的优势。比如：从地理视角看，这里曾是两种租界文化的交会地，以及 20 世纪 30 年代的城乡接合部；从历史视角看，这里有犹太移民文化孕育的西摩会堂、马勒别墅等历史故事。通过整合各学科教师资源，能构建对陕西北路更全面的认知。同时，结合校内外的资源优势，可以发现校内平台和师资资源丰富，校外的陕西北路及其实地资源又真实可感，便于观察、访谈与阅读。尤其是校外的专业人士，如中心教师不仅熟悉陕西北路文化，还有推介历史文化的情怀。在这些教师的指导下，学生能拓宽视野、拓展思维，获得社会化的体验。资源整合不仅局限于常规资源，还包括文本和数字资源。比如，读本《陕西北路文蕴探奇》、纪录片

《陕西北路》等，都是高质量的文本和数字资源。此外，师生创作的文创产品也是资源，并且这类资源永远在持续丰富和发展中。

（二）探究学习策略

作为上海的一张名片，陕西北路蕴含着丰富的教育教学资源和学习内容。学生既能从海派文化、建筑文化、移民文化、租界文化、名街文化等方面展开学习，也能从里弄文化、商务文化、工业遗产文化、红色文化等视角深入探究。这些视角均可转化为一系列项目和微课题，供学生进行主题探究。通过查询、观察、访谈、观摩等方式，学生可以进行深度学习，从而形成对陕西北路独特的理解，为后续的文创和演绎奠定坚实基础。

（三）情境体验策略

对于陕西北路的文化内涵，学生可以通过观看视频、查阅资料获得一定的了解。此外，学校学生拥有得天独厚的优势，那就是可以获得亲临现场的情境体验。情境体验不仅提供了与传统文本和数字资源不同的内容，还带来了场景和实地考察所独有的心理感受与氛围感染力。比如，当学生走近或走进马勒别墅，他们能想象一位犹太商人作为父亲，是如何为他心爱的女儿精心打造一座梦境中的城堡的。又如，当学生走进宋家花园时，他们能通过当年举国瞩目的蒋宋世纪"西式"婚礼在此举行的盛况再现，近距离地感受历史文化的深厚底蕴。再如，当学生走近恒隆广场的侧面，便会发现那里有一块上海大学遗址纪念碑，由此可以想象当年瞿秋白、邓中夏等革命志士在此教书、探讨国家安危的场景。

（四）品牌文创策略

对于历史文化、名街文化等的最佳学习方式，并非单元设计练习或精心设计的访谈和课堂教学，而是鼓励学生基于对陕西北路文化的理解，对当代文化的演绎方式进行创新性呈现。在经历知道、记忆、理解、分析、评价等学习过程后，学生能创造出属于高阶学习和思维方式的成果。通过这种创造性活动，学生对陕西北路文化内涵的认知不再是被动接受或指令式的，而是源于内在任务驱动。更为关键的是，这种任务驱动能产生优质的成果。并且，这些成果具有可视化的特征，也能被检验。学生创作的含有陕西北路元素的书画作品逐渐形成品牌，在纪念日活动中受到市民的特别喜爱。这不仅激发了学生的兴趣，还促使他们投入更多的时间和精力，更是对他们学习成果的极大肯定。

（五）归纳演绎策略

陕西北路上有一条老字号街,这里可以作为开展旗袍文化学习的理想场所。比如,通过探索旗袍的美感、历史感和文化内涵,旗袍展演成为展示这些特质的绝佳途径之一。在以陕西北路文化为主题的活动中,学生们的旗袍展演引起了广泛关注。他们不但获得了巨大的成就感,而且对旗袍的理解也得到了社会的认可。

十一、课程评价方案

（一）评价内容

教师评价:通过学生在活动中的提问、参与度以及小组合作,评价每个学生的活动表现;通过学生的活动实践、手工制作过程以及最终可视化成果展示,评价学生对各类工具的熟悉程度以及作品的完成质量;通过学生在文创设计和作品推介中的表现,评价学生的设计能力和表现能力。

学生评价:通过组内互评的方式,对组内成员的表现进行评价;根据课堂表现、活动态度、平时作品,进行自我评价。

（二）成绩评定

活动参与(60%):包括调查研究、小组汇报、活动参与度等,其中教师评分占比为60%,组员互评占比为30%,学生自评占比为10%。

平时作品(40%):包括文创作品、自然笔记等,其中教师评分占比为60%,组员评分占比为30%,学生自评占比为10%。

后记

这本书的书名《行知合一》恰如其分，它是我献给我的母亲的。

2017 年，我被评为上海市地理特级教师。长期以来，我专注于地理课程资源开发和生活地理教学研究，秉持“引生活进入地理教学，领学生走向生活实践”的教学追求和实践策略。2018 年，我相继成为上海市第四期“双名工程”“地理情境教学”攻关项目以及上海市静安区地理实训基地主持人。我带领着 13 位学员，主攻方向为“地理情境教学”，兼顾“初中跨学科研究”。

作为一名来自教学一线的地理教师，在与高校专家交流时，我深切地感受到自身理论知识的欠缺。这让我时常回想起与华东师范大学硕士研究生失之交臂的遗憾。2011 年 1 月，首届上海市“双名工程”学员硕士考试来临。当时，我正忙于学校教学统筹管理、迎接一模考、师资招聘、考生辅导以及市级课题“利用地理专用教室培养创新人才的思考和实践”结题等多项任务。出于教师职业的初心，我总是习惯性地将学生置于首位，将大量精力投入学校教学管理。最终，由于英语成绩差了几分，我未能进入华东师范大学硕士研究生班，仅以参加上海师范大学研究生课程班结业。幸运的是，在那一年及次年，我校高考一本率达到了六七成，并在市级课题答辩时遇到了上海师范大学研究生课程班的授课老师谢利民教授，最终课题得以顺利通过。鉴于这份遗憾，我希望我的学员们都能在学历上有所提升，并鼓励高立洋等学员报考华东师范大学研究生。

一线教师的优势在于他们每天与学生相伴，拥有更多的课堂实践机会，以及积累了丰富的案例和教育故事。2019 年起，我们两支团队开始融合探索，主张在实战中锻炼自我。其中，组内最为谨慎的蒋小红老师开设了“上海湿地”公开课，组内极具灵气的凌敏老师开设了“岩石”一课，身体状况有恙的汤俊彪老师与金彦老师共同开设了“世界的气候类型”一课，组内最为忙碌、时任上海市崇明中学党委副书记的向莉老师开设了“崇明藏红花”等课程。此外，宋赛萍、汤俊彪、凌敏、高立洋等老师参与了上海“空中课堂”的录制工作，盛丽芬老师的课还被

“学习强国”平台选用。高立洋老师始终认真探索、积极实践,在这一过程中获得了专家的高度认可,并荣获新一轮中青年地理教师教学比赛一等奖。诸如此类,团队收获颇丰。

为夯实团队专业基础并增强团队凝聚力,我们举办了年终汇报晚会,并组织开展了崇明三岛、庄行油菜花节和青西郊野公园研学以及上海自然博物馆研修等活动。为给团队成员提供更多的历练机会,我们搭建了沪滇浙教学论坛、学生地理课题研究汇报、云端教学研讨会、回民中学民族教育探索等平台。通过整合团队力量,我们还开设了“高中地理新教材比较”“生活地理素养”等市级共享课程。在此过程中,团队成员收获了实践经验、专家点评以及在专业互动中建立的深厚友谊。

再谈及“初中跨学科研究”,团队从一开始便发挥了三区教师、初高中教师、普高师生之间的协同联动优势。我们从跨学科教学素材的开发到跨学科教学案例的构建,再到跨学科课堂教学的实施、跨学科教学论坛的举办以及跨学科空中研讨的开展等,进行了全方位的探索与研讨。比如,宋赛萍老师和钱凤英老师带头开展了崇明、奉贤、静安三区联动的云端跨学科教学实践。当时,大家对能否熟练运用信息技术工具以及能否与学生顺畅互动都抱有疑虑,但最终的上课效果远超预期。上海市静安区教育学院附属学校的青年教师为三区学生开展了“上海海湾国家森林公园”的线上课程。此外,我为三区学生开设了“生存与生态”的云端讲座,以“九段沙”为例,指导学生进行跨学科学习。经过积累与梳理,团队编写了《初中跨学科案例分析精讲》一书。该书图文并茂,深受师生和家长的喜爱。令人惊喜的是,部分生命科学教师反馈,阅读此书后深受启发。我想,可能是因为书中丰富多样的栏目和地图为他们提供了极佳的阅读体验和教学资源。

应“双名工程”项目组要求,在上海市静安区教育学院附属学校张人利校长的大力支持下,团队于2020年下半年在该校举办了以“跨学科让教育多了一种可能”为主题的论坛。此前,我们发布了论坛信息,征集到了二十几篇关于跨学科教学实践的文章,并邀请了吴丹老师等作为论坛嘉宾。此外,我们还邀请了宋洁莲、唐文俊等生命科学专家,以及陆弘德、裘腋成等地理专家打磨论坛公开课。在这一过程中,编制论文手册、邀请嘉宾等工作都在有条不紊地推进。然而,到了 10 月，我们遭遇两大突发事件：一是疫情暴发，二是我的母亲因脑梗住院。

我的母亲是一名小学教师，也是我的小学班主任。她培育了家乡的几代孩子，在当地颇受尊敬。她经常教导我们要尽自己所能去帮助他人，以及积极履行社会责任。2009 年 5 月初，那时我正在高三教授地理，母亲因突发蛛网膜下腔出血而陷入昏迷。后来，母亲被转至复旦大学附属华山医院。我白天坚持上课，晚上守护在母亲的病床旁，直至高考结束，一节课都未耽误。天道酬勤，母亲通过脑部手术，恢复了健康，重新回到她熟悉的扇子舞团队。2020 年，这次母亲的病情比 2009 年更为严重，几乎完全瘫痪，情况危急。但仿佛是病中的母亲知晓我的难处，给我们一个疫情间歇期，并且一直坚持到“跨学科让教育多了一种可能”论坛圆满结束。

致敬母亲！

在跨学科教学方面，我们仍在持续探索图层叠加、图册编写、研学设计、行走方案制定等。我们的积极探索得到了上海市教育委员会的认可。2023 年初，上海市教育委员会邀请我们团队承担上海初中新版地理教材的首轮调研工作。令我感动的是，团队成员克服困难，通过六节课、二十几次集体研讨，尽管过程艰辛，但高质量地完成了任务，获得了上海市教育委员会和相关专家的肯定。值得一提的是，正是因为我们对跨学科教学的持续探索，团队在新教材的跨学科案例审读工作中才显得游刃有余。

这是一份记录，记载了我们探索与实践的历程。

团队中有三名资深教师，在探索跨学科教学的过程中发表了专著，也晋升为正高级教师。

再次感谢所有为本书提供案例的老师。本书的编辑出版得到了上海市教师教育学院（上海市教育委员会教学研究室）和上海教育出版社的大力支持，在此表示衷心感谢。

由于团队能力有限，书中若有不当之处，以及案例使用方面的疏漏，恳请读者批评指正。

姚伟国

2025 年 1 月

图书在版编目（CIP）数据

知行合一：初中跨学科教学的思考与探索 / 姚伟国等著. — 上海：上海教育出版社，2025.5. —
ISBN 978-7-5720-3129-8

Ⅰ. G632.0

中国国家版本馆CIP数据核字第2025N1V007号

总 策 划　刘　芳　公雯雯
责任编辑　袁　玲
封面设计　肖禹西

知行合一：初中跨学科教学的思考与探索
姚伟国　等著

出版发行　上海教育出版社有限公司
官　　网　www.seph.com.cn
地　　址　上海市闵行区号景路159弄C座
邮　　编　201101
印　　刷　启东市人民印刷有限公司
开　　本　700×1000　1/16　印张 12.75
字　　数　202 千字
版　　次　2025年5月第1版
印　　次　2025年5月第1次印刷
书　　号　ISBN 978-7-5720-3129-8/G·2775
定　　价　58.00 元

如发现质量问题，读者可向本社调换　电话：021-64373213